O.W. BARTH ✸

LIGHT WATKINS

Im Innen Platz schaffen,
um im Außen frei zu sein

Aus dem amerikanischen Englisch
von Judith Elze

O.W. BARTH ✱

Die amerikanische Originalausgabe erschien 2023 unter dem Titel
»Travel Light« bei Sounds True, Inc., Lafayette, USA.

Besuchen Sie uns im Internet:
www.ow-barth.de

Deutsche Erstausgabe März 2024
© 2023 Light Watkins
© 2024 der deutschsprachigen Ausgabe O. W. Barth Verlag
Ein Imprint der Verlagsgruppe Droemer Knaur GmbH & Co. KG, München
Alle Rechte vorbehalten. Das Werk darf – auch teilweise – nur mit
Genehmigung des Verlags wiedergegeben werden.
Die Nutzung unserer Werke für Text- und Data-Mining
im Sinne von § 44b UrhG behalten wir uns explizit vor.
Redaktion: Martina Darga
This translation is published by arrangement with Sounds True Inc.
and by the agency of Agence Schweiger
Illustrationen: Simona von Woikowsky
Covergestaltung: Simona von Woikowsky
Coverabbildung: © Simona von Woikowsky
Satz und Layout: Adobe InDesign im Verlag
Druck und Bindung: Drukarnia Dimograf Sp. z o. o., Bielsko-Biała, Polen
ISBN 978-3-426-44633-1

2 4 5 3 1

*To my rays of light:
Dustin, Levi, Kelie, Rian,
Demi, Drew, and Nile*

Inhaltsverzeichnis

Einleitung
13

PRINZIP 1:
Priorisiere und kultiviere inneres Glück
35

PRINZIP 2:
Triff deine Entscheidungen mit dem Herzen
63

PRINZIP 3:
Es gibt keine unwichtigen Momente
93

PRINZIP 4:
Gib, was du gern selbst hättest
115

PRINZIP 5:
Geh deiner Neugier nach
135

PRINZIP 6:
Lerne Unangenehmes anzunehmen
157

PRINZIP 7:
Freiheit von der Wahlfreiheit
183

Schluss
207

Dank
215

Über den Autor
219

Einleitung

»Egal, was du im Rucksack hast: Solange du dich nicht an Veränderungen anpasst, wirst du es immer mit dir herumschleppen.«
Der spirituelle Minimalist

Das Licht einschalten

Das Licht ging nicht an, als ich mein Airbnb in Mexico City betrat. Es war im Januar 2022, und ich kam gerade von einem einwöchigen Meditationsretreat zurück. Ich setzte meinen Tagesrucksack auf der Couch ab und fing an nachzuforschen. Auch die anderen Lichtschalter funktionierten nicht. Der Strom musste ausgefallen sein, ich würde also weder meine Wäsche waschen, mein Handy und Tablet aufladen, das WLAN nutzen, die Bodenheizung einschalten noch sonst etwas tun können, außer in der dunklen Wohnung zu sitzen, bis es an der Zeit wäre, schlafen zu gehen.

Ich benachrichtigte sofort die Hausverwaltung. Aber auch die Frau dort wusste nicht, warum ich in meiner Wohnung keinen Strom hatte, obwohl er im Rest des Gebäudes funktionierte, und sie vergewisserte sich, dass die Stromrechnung bezahlt war. Sie versprach, das Problem so schnell wie möglich zu lösen. Später am Abend erhielt ich die Nachricht, sie habe den Stromversorger nicht erreichen können und werde es dann am nächsten Morgen wieder versuchen.

Hier ging es für mich offensichtlich nicht um Leben oder Tod. Man hätte es vielleicht als »Erste-Welt-Problem« und als kaum der Rede wert bezeichnen können. Wenn du aber nicht darauf vorbereitet bist, dass sich deine Erwartungshaltung nicht erfüllt, weil sich die Umstände auf geringfügige Weise verändert haben, kann dir selbst ein Stromausfall von ein paar Stunden den ganzen Tag verkorksen, vor allem, wenn du gerade von einer Reise zurückgekommen bist und Wäsche waschen oder dir etwas kochen willst oder ein Meeting vorbereiten musst, für das du funktionstüchtige elektronische Geräte brauchst. Aber zum Glück war ich auf solche Situationen vorbereitet, seit ich am 31. Mai 2018 bewusst begonnen hatte, Minimalismus zu praktizieren. An diesem Tag war ich dazu übergegangen, mit *leichtem* Gepäck zu reisen.

Nachdem ich ein Jahr lang nur über den Minimalismus nachgedacht hatte, wagte ich den Sprung ins Ungewisse offiziell an dem Tag, an dem ich dem Vermieter meiner Zweizimmerwohnung in Venice Beach meine Kündigung mit einmonatiger Frist überreichte. Dann kontaktierte ich meinen Autohändler und vereinbarte einen Termin am Monatsende für die Rückgabe meines geleasten Autos. Als Nächstes gab ich eine Reihe von Kleinanzeigen im Internet auf, in denen ich meine Möbel, meine Vespa und Sonstiges zum Verkauf anbot, was noch einen Wert hatte, von mir aber nicht mehr benötigt wurde.

Nach einiger Recherche fand ich heraus, dass die meisten Fluggesellschaften ein Handgepäck von höchstens 55 Zentimeter Länge in der Gepäckablage über den Sitzen erlauben. Also ging ich in ein entsprechendes Geschäft, um mir die neuesten Handgepäckstücke anzuschauen. Ich hatte ein paar Kleidungsstücke, Accessoires und Toilettenartikel mitgenommen, um auszuprobieren, was ich bequem in dem jeweiligen Gepäckstück unterbringen konnte, das ich in Betracht zog. Ein paar Stunden später verließ ich den Laden mit einer brandneuen, hochwertigen 55-Zentimeter-Handgepäck-Reisetasche.

Diese Reisetasche wurde schließlich zu meiner neuen Wohnung, denn im Verlauf des darauffolgenden Monats räumte ich meine Wohnung systematisch frei von allem, was nicht dort hineinpasste. Ich mietete auch keinen Lagerraum, denn es passte mir nicht, mehrere Tausend Dollar für die Lagerung von Dingen auszugeben, die ich innerhalb weniger Monate wahrscheinlich ohnehin vergessen hätte. Am 31. Mai rollte ich mein neues »Handgepäck«-Zuhause aus der leer geräumten Wohnung und begab mich ins Abenteuer des Nomadendaseins.

Ein paar Jahre und Dutzende von Reisezielen später tauschte ich diese Tasche gegen einen kleineren Rucksack aus. Und ein Jahr darauf verkaufte ich auch den und besorgte mir einen noch kleineren Tagesrucksack. Bei dieser sukzessiven Verkleinerung entdeckte ich eines der Prinzipien des »spirituellen Minimalismus«, wie ich ihn jetzt nannte: Je weniger Optionen du hast, desto mehr Entscheidungsfreiheit gewinnst du und desto präsenter wirst du.

Derzeit habe ich etwa dreißig Gegenstände in meinem Tagesrucksack, darunter:

1 Button-down-Hemd	Dreifuß
1 Paar Sandalen	1 Hoodie
1 Hose	Mikro für Podcasts
Toilettenartikel	1 Sweatshirt
2 Paar Shorts	Akku (zum Wiederaufladen)
wiederauffüllbare Wasserflasche	1 Gürtel
3 Unterhosen	Tablet
Meditationsschal	1 Paar Turnschuhe
3 T-Shirts	Tagebuch
Meditationsunterrichtsset	1 Paar Schuhe
1 Jacke	Mala

Mit diesen Gegenständen bin ich zwei- oder dreimal um die ganze Welt gereist, habe unterwegs Vorträge gehalten, auf Podiumsdiskussionen gesprochen, Workshops und Retreats geleitet, täglich trainiert, bin geschwommen, gelaufen und gewandert, auf Dates, in die Kirche, zu Beerdigungen, Abschlussfeiern, Abendessen, Premieren gegangen, habe an Strandausflügen, Zeremonien teilgenommen und Fahrten mit dem Heißluftballon unternommen und so weiter und so fort.

Doch zurück nach Mexico City: Die Hausverwalterin brauchte zwei Tage, dann funktionierte der Strom wieder. Aber für mich war es nur eine kleine Unannehmlichkeit gewesen, denn bis dahin hatte ich bereits vier Jahre ohne Wohnung gelebt. Ich war daran gewöhnt, mit maximaler

Effizienz vorzugehen, und hatte mich darin geübt, meine wichtigsten täglichen Verrichtungen zu erledigen, *ohne* mich auf Strom oder Licht zu verlassen.

Nach einer einwöchigen Reise kommen die meisten Leute vermutlich mit ein paar Koffern voll schmutziger Wäsche nach Hause, die sie sofort waschen wollen, um am nächsten Tag etwas Sauberes zum Anziehen zu haben. Außerdem brauchen sie eine Haarwäsche oder eine Dusche. Und sie müssen ihr Telefon oder ihr Laptop laden, um damit Dinge erledigen zu können.

Als ich in mein Airbnb zurückkam, hatte ich in meinem Tagesrucksack nur saubere Wäsche, die ich auf dem Retreat jeden Abend mit der Hand ausgewaschen hatte. Ich hatte Übung darin, mir auch im Dunkeln und ohne Spiegel den Kopf zu rasieren, nur für den Fall, dass ich einmal in eine solche Situation geraten würde. Alles, was ich für meine Arbeit zu tun hatte, konnte ich von meinem Telefon aus erledigen, sei es, dass ich meine Website bearbeiten, komplexe Newsletter und sogar dieses Buch schreiben wollte. Und ich hatte immer eine Powerbank dabei für den Fall, dass es keine Steckdose zum Aufladen gab.

Was andere für eine große Unannehmlichkeit gehalten hätten, war für mich dank meiner jahrelangen bewussten Vorbereitung und Übung kaum eine Last. Tatsächlich genoss ich es sogar in gewisser Weise, an den Abenden nichts zu tun zu haben und mich bei Kerzenschein durch die Wohnung zu bewegen. Natürlich sagte ich das der Hausverwaltung nicht, denn ich wollte trotzdem so schnell wie möglich wieder Strom haben. Aber ich kam mit den Umständen zurecht, und weil ich es kultiviert hatte, innerlich erfüllt zu sein, konnte ich mich darauf konzentrieren, die

Chancen zu sehen, statt mich an den paar wenigen Unannehmlichkeiten festzuhalten. Daher betrug an diesem Tag meine Wertung für »unerwartete Veränderung« = 0 und für »spirituellen Minimalismus« = 1.

Der Inside-out-Ansatz

Falls du Minimalismus als Lebensstil in Erwägung ziehst, willst du vielleicht so schnell wie möglich die Hälfte oder drei Viertel deiner Besitztümer loswerden oder meinem Beispiel folgen und *alles* ausmisten, was nicht in dein Handgepäck oder deinen Tagesrucksack passt. Schließlich geht es doch genau darum, oder? Darum, dein Leben zu minimieren? Platz zu schaffen?

Falls du dich vor allem auf diese Weise dem Minimalismus nähern willst, habe ich eine gute Nachricht für dich: Es gibt Dutzende Bücher, die sehr methodische Ansätze zum Ausmisten der Schränke, Organisieren von Flohmärkten und bewussten Erwerb neuer Gegenstände bieten. *Travel Light (Lebe leicht)* gehört allerdings nicht dazu.

Ich werde dir nicht für jeden Raum die nötige Expertise liefern, damit du deine alten Bücher oder die ausrangierten Schuhe oder den seit drei Jahren ungenutzten Mixer loswirst. Dafür wird dich *Travel Light* mit Anleitungen zu einer weniger offensichtlichen, aber individualisierten Herangehensweise an den Minimalismus versorgen, die ich als »spirituellen Minimalismus« bezeichne.

Der spirituelle Minimalismus verfolgt eher den Inside-out-Ansatz und nicht den umgekehrten herkömmlichen, bei dem es darum geht, Platz zu schaffen. Mit anderen

AUF DER ANDEREN SEITE IST DAS GRAS GRÜNER.

SOLANGE DAS GRAS NICHT IM INNERN GRÜN IST, WIRD ES AUF DER ANDEREN SEITE IMMER GRÜNER SEIN

Worten: Es ist nicht die Ich-stoße-mein-Zeug-ab-damit-ich-glücklich-werde-Herangehensweise an den Minimalismus, sondern vielmehr der Werd-*erst-mal-glücklich-und-schau-was-dann-passiert*-Ansatz.

Lass uns zur Verdeutlichung des Unterschiedes zwischen beiden Ansätzen ein kurzes Gedankenexperiment durchführen: Stell dir vor, du hättest nur zwei Wochen Zeit, um Minimalist zu werden – wie gehst du vor? Die meisten Menschen würden vermutlich damit beginnen, ihre Schränke zu durchforsten und die Sachen loszuwerden, die sie nicht mehr brauchen oder ohnehin nicht mehr verwenden. Daran ist nichts weiter auszusetzen, aber als spiritueller Minimalist würde ich mich anders verhalten. Ich würde die ersten Tage dafür nutzen, innerlich ruhig zu werden, und in mich hineinhorchen, um spüren zu können, was meine innere Führung mir als beste Variante vorschlägt. Vielleicht wäre es erst einmal wichtig, die Garage auszumisten. Oder eine Freundschaft zu beenden, die mir nicht mehr förderlich ist. Oder endlich regelmäßig Sport zu treiben.

Ganz egal, was mir die innere Führung als ersten Schritt rät, ganz egal, wie unlogisch es für den herkömmlichen Minimalisten klingt, ich vertraue genug darauf, um mich entsprechend auf den Weg zu machen. Als spiritueller Minimalist treffe ich die meisten Entscheidungen mithilfe meiner *inneren* Führung. Und damit mir meine innere Führung die hochwertigsten Informationen liefern kann, drehe ich am besten mit Übungen wie der täglichen Meditation das Volumen dieser inneren »Stimme des Herzens« auf.

Umgekehrt gilt: Je *weniger* ich mit der Stimme meines

Herzens verbunden bin, desto eher werde ich die meisten meiner Entscheidungen nach logischen und äußeren Überlegungen treffen. Das ist vom Ansatz her zwar nicht verkehrt, aber eben nicht so wirksam, denn die Stimme des Herzens funktioniert wie ein ganz individuelles inneres GPS. Hören wir nicht darauf, ist das ungefähr so, als würden wir das GPS im Auto nicht beachten, das uns den Weg zu unserem Ziel ansagt. Wir können ihn zwar auch anhand äußerer Wegweiser finden, aber das könnte länger dauern, und vielleicht werden wir uns ein paarmal verfahren.

Unser inneres GPS ist nicht nur dafür da, ein Ziel zu erreichen. Es dient auch dazu, zu wissen, an was wir uns im Leben halten und was wir loslassen sollten. Und je weniger Zugang wir zu unserem inneren GPS haben, desto weniger nehmen wir unser Bauchgefühl und die roten Flaggen wahr, die uns warnen, dass eine bestimmte Beziehung, materieller Besitz oder so manche Erfahrungen uns auf unserem Weg nicht mehr dienlich sind.

Wenn wir uns also an eine toxische Beziehung klammern, weil wir Angst davor haben, eine Zeit lang allein dazustehen, ist unser Kleiderschrank zwar vielleicht aufgeräumt und äußerlich wirken wir ganz minimalistisch, aber wir fühlen uns weder emotional noch spirituell entsprechend. Und was ist wichtiger? Dass wir minimalistisch aussehen oder die Prinzipien des Minimalismus tatsächlich verkörpern?

Als spiritueller Minimalist werde ich zu einem Spezialisten im Wahrnehmen der Stimme des eigenen Herzens, und zwar nicht, weil ich mit einer besonderen Fähigkeit geboren wäre, sondern weil ich genügend Zeit und Mühe investiere und eine zuverlässige Verbindung zu dieser Stimme entwickle. Daher wird es mir leichterfallen loszulassen, was mich persönlich, beruflich oder sogar spirituell bisher zurückgehalten hat, sodass ich Raum für neue Erfahrungen schaffen kann, die mit meinen Werten und meiner Lebensaufgabe besser übereinstimmen.

Das heißt, dass wir in spirituell-minimalistischer Hinsicht gar nichts loszuwerden brauchen. Viel wichtiger als das Ausmisten von Schränken ist das Vertrauen auf unsere innere Führung, darauf, dass wir auch die scheinbar unwichtigen Momente bewusst erleben, dass wir geben, was wir gern bekommen möchten, unserer Neugier nachgehen, uns ans Ungewohnte zu gewöhnen vermögen und uns so oft wie möglich die Freiheit von der Wahlfreiheit zu eigen machen.

Diese Grundprinzipien des spirituellen Minimalismus werde ich im Laufe des Buches anhand von Geschichten, Anekdoten und Vignetten, von denen viele aus meiner eigenen Erfahrung als praktizierender spiritueller Minimalist stammen, im Detail erklären. Hinzu kommen praktische Übungen, die du anwenden kannst, um die Geisteshaltung des spirituellen Minimalismus zu verinnerlichen, ohne dass du irgendetwas weggeben müsstest.

Die sieben Prinzipien des spirituellen Minimalismus

1. **Priorisiere und kultiviere inneres Glück.**
Wahres inneres Glück entsteht nicht dadurch, dass wir künftige Ziele erreichen, Erfahrungen ansammeln oder uns von unseren Sachen trennen. Die Glücksforschung zeigt, dass sich nach Befriedigung unserer Grundbedürfnisse unser wesentlicher Glückslevel nicht dadurch grundlegend erhöht, dass wir weitere Erfahrungen zum Beispiel in Sachen Minimalismus sammeln. Allerdings können wir unser inneres Glück steigern, indem wir bestimmte *innere* Übungen praktizieren – wie etwa Stille, Dankbarkeit und Geben. Ich werde dir zeigen, wie es geht, die wichtigste, nämlich die Stille, so zu praktizieren, dass es Spaß macht. Sobald du in deiner täglichen Meditation anfängst, die Stimme deines Herzens wahrzunehmen, wird sich jede Unsicherheit bezüglich deines Weges auflösen, und du wirst ihm viel leichter folgen können. Das wiederum führt zu einem Gefühl von Erfülltheit, denn nun bist du in der Lage, leichter zu bestimmen, wofür du da bist und – noch wichtiger – wofür du *nicht* da bist.

2. **Triff deine wichtigsten Entscheidungen nicht mit dem Kopf, sondern mit dem Herzen.**
Um das zu erreichen, musst du üben, so oft wie möglich (buchstäblich) »aus dem Kopf« ins Herz zu finden. Hast du dich erst einmal auf die Sprache deines Herzens eingestimmt, wirst du auch den

Unterschied zwischen der Herzensführung und den anderen inneren Stimmen feststellen, die dich zum Beispiel dazu auffordern, dich kleinzumachen und anzupassen. Außerdem bekommst du gezeigt, wie du testen kannst, welches die eigentliche Stimme deines Herzens ist und welche Stimmen nur so tun als ob. Und du wirst ermutigt, bewusstseinstrübende Substanzen (für eine gewisse Zeit) zu reduzieren und durch Aktivitäten zu ersetzen, die dir ein natürliches Hochgefühl verschaffen und helfen, die wahre Stimme deines Herzens deutlicher herauszuhören.

3. **Erlebe auch die scheinbar unwichtigen Momente bewusst.**
Was, wenn die besten Teile deines Lebens – von denen du irgendwann einmal deinen Enkelkindern Geschichten erzählen willst – gerade jetzt, in kleinen, scheinbar unbedeutenden Augenblicken passieren? Während du diese Zwischenmomente bewusster zu leben beginnst, wird sich dein Leben ganz von selbst erfüllter und ausgerichteter anfühlen. Du wirst die Tage zunehmend so behandeln, als hättest du Geburtstag, und die Augenblicke so, als halte jeder einzelne ein Überraschungsgeschenk für dich bereit. Du wirst genießen und wertschätzen, kleine Freundlichkeiten zu verteilen und zu empfangen, was wiederum dazu führt, dass dich Kleinigkeiten mehr erfüllen und du insgesamt weniger brauchst.

4. Gib, was du gern selbst hättest.
Es spielt keine Rolle, wie viel oder wie wenig du hast. Möchtest du eine Freundschaft schließen, musst du zunächst selbst freundlich sein. Möchtest du geliebt werden, musst du liebevoll sein. Willst du Fülle, musst du aus der Fülle leben. Bist du pleite, solltest du mehr Geld ausgeben, statt zu versuchen, es zu horten. Und willst du großzügig behandelt werden, musst du erst einmal selbst großzügig sein. Während du lernst, dieses Prinzip zu verinnerlichen, wirst du in deinem Leben ganz von selbst weniger Wert auf Materielles legen und mehr Wert auf die Dinge, denen du deine Aufmerksamkeit und Präsenz schenkst.

5. Deine Neugier ist der Toröffner zu deinem Weg.
Dein Weg steht in Verbindung zu dem, worauf du schon von selbst neugierig bist. Um in Übereinstimmung damit zu leben, brauchst du bloß urteilsfrei deiner Neugier nachzugehen. Ich werde dir zeigen, wie du sie erkennen und erforschen kannst, sodass deine alltäglichen Erfahrungen abenteuerlicher und erfüllter für dich werden. Und da du dich auf deinem neuen Weg immer wieder vertrauensvoll auf Unbekanntes einlassen musst, wirst du mit der Zeit feststellen, dass deine Sicherheit nicht auf äußeren Umständen beruht, sondern auf dem inneren Vertrauen, dass – solange du deiner Neugier treu bleibst – sich die einzelnen Dinge miteinander verbinden und du immer zur (für dich) rechten Zeit am richtigen Ort bist.

6. Lerne, Unangenehmes anzunehmen.
Um dein wahres Potenzial ausschöpfen zu können, wirst du dich immer wieder mit Gefühlen von seelischem, emotionalem oder körperlichem Unbehagen auseinandersetzen müssen. Je besser du diese Unannehmlichkeiten anzunehmen vermagst, desto widerstandsfähiger wirst du sein, wenn du in die Turbulenzen deines nächsten spirituellen Wachstumsschubs gerätst – und desto weniger wirst du versuchen wollen, dein Leben zu kontrollieren, vor ihm davonzulaufen oder dir zu erlauben, dich von ihm zu Fall bringen zu lassen. Stattdessen wirst du lernen, wie du das Unangenehme überwinden kannst. Du kannst mit verschiedenen Techniken des spirituellen Minimalismus experimentieren, die dir helfen sollen, dich aktiv für das Wachstum zu entscheiden und selbst die unangenehmsten Situationen anzunehmen.

7. Mach dir die Freiheit von der Wahlfreiheit zu eigen.
Du wirst der herkömmlichen Meinung die Stirn bieten, es sei besser, verschiedene Optionen zu haben, und stattdessen die Freiheit umarmen, die darin liegt, in den meisten Situationen keine Wahl zu haben. Im Übrigen geht es bei der wahren Freiheit, nach der du strebst, nicht um die Menge an Wahlmöglichkeiten, die du hast. Es geht darum, das innere Gewahrsein zu entwickeln, in jedem Augenblick zu wissen, welche Option am besten mit deinen Werten übereinstimmt. Dies wird eine Nebenwirkung deines inzwischen unverbrüchlichen Vertrauens in die Stimme deines Herzens sein.

Wähle dein Abenteuer selbst

- Jedem der sieben Prinzipien des spirituellen Minimalismus ist in diesem Buch ein eigenes Kapitel gewidmet. Zu Beginn der Kapitel werde ich das jeweilige Prinzip mit einer oder zwei Geschichten veranschaulichen. Nach einem aktiven Schritt folgen Vignetten oder Anekdoten, die verdeutlichen, wie das Prinzip umgesetzt werden kann, Fotos von meinem persönlichen Weg und Illustrationen. Als Abschluss jedes Kapitels dient ein Blick in meinen Tagesrucksack, damit du siehst, welche Gegenstände in meinem eigenen spirituellen Minimalismus-Abenteuer zu Standards geworden sind. Du wirst feststellen, dass alle diese Gegenstände verschiedenen Zwecken dienen – und genau das ist eines der Markenzeichen des spirituellen Minimalismus: Wir suchen immer nach kreativen Möglichkeiten, mit weniger mehr zu tun.
- Wenn ich dir zeige, was sich in meinem Tagesrucksack befindet, soll dich das keineswegs dazu anhalten, es mir nachzutun oder loszuziehen und etwas zu kaufen beziehungsweise deinen weltlichen Besitz abzustoßen. Es geht mir vielmehr darum, dir zu zeigen, wie ich als spiritueller Minimalist zu den Dingen stehe, die ich mit mir herumtrage. Dann kannst du diese Denkweise vielleicht an deine ganz persönliche Version des spirituellen Minimalismus anpassen, denn jeder Weg ist anders.
- Wie mein letztes Buch *Knowing Where to Look* ist auch *Travel Light* im Du-wählst-dein-Abenteuer-selbst-Stil verfasst. Du bist also eingeladen, das Buch ganz nach Belieben aufzuschlagen und jeweils die Geschichte oder

Anekdote zu lesen, die dich gerade anspricht. Stell dir vor, dass dich als angehender Minimalist oder als Minimalistin deine innere Führung die passende Seite aufschlagen lässt. Auf diese Weise übst du mit *Travel Light,* wie sich ein spiritueller Minimalist tatsächlich durch die Welt bewegt: Du lässt dich von deiner Neugier leiten, die dich von Ort zu Ort, von Interesse zu Interesse, von Gespräch zu Gespräch führt. Genieße daher die offene Struktur dieses Buches und folge nur den Vorschlägen, die für dich im Einklang mit deinen Werten sind. Natürlich kannst du es auch von vorn bis hinten durchlesen, wenn dir deine innere Führung genau dazu rät.

- Falls du bestimmte Aspekte des spirituellen Minimalismus vertiefen möchtest, habe ich Verweise auf Seiten mit ähnlichem Inhalt eingefügt. Du kannst aber auch einfach weiterblättern. Selbst wenn dich der Minimalismus nur wenig oder gar nicht interessiert, könnte dir das Buch einen neuen Blick auf das Thema vermitteln, denn ich habe es sowohl für angehende wie für Nicht-Minimalisten geschrieben, damit beide Gruppen neue Wege in ein erfüllteres Leben finden können.

- Denk aber dran, dass die Vorschläge in diesem Buch nicht dazu gedacht sind, sozusagen über Nacht zu einer Transformation zu führen, die ohnehin nicht anhalten würde. Es geht eher um die Reise als um das Ziel, also darum, den spirituellen Minimalismus zu erforschen. Löse dich daher von Timing und Ergebnis und versuche lieber, den Prozess so gut du kannst zu genießen. Genau das macht schließlich den spirituellen Minimalismus aus: Wir kosten das Leben aus und lassen jedes Ergebnis zu – und wissen, dass aus göttlicher Warte betrachtet das

Leben immer *zu unserem Besten* und nicht einfach nur so geschieht.
- Darüber hinaus hilft dir *Travel Light* dabei, der Mensch zu werden, der du jenseits deiner Titel und Leistungen, deiner Ängste, deiner Persönlichkeit und deines sonstigen Gepäcks bist. Mithilfe des Buches schaffst du dir einen sicheren inneren Raum, innerhalb dessen du dir erlauben kannst, dich auf *deinem* einzigartigen Weg zu deinem höchsten Potenzial führen zu lassen. Während du die Prinzipien erforschst und in die tägliche Praxis umsetzt, wirst du ein erfüllteres (und vielleicht minimalistisches) Leben führen, das du dir von innen heraus geschaffen hast. Und genau dies macht es so einzigartig für dich.
- Mit anderen Worten: Du wirst lernen, einem methodischen Ausmisten von Sachen aus deinem Kleiderschrank oder einem anderen Lebensstil weniger Bedeutung beizumessen, und dich mehr darauf konzentrieren, dich mit deinem *wahren* Selbst (dem Teil von dir, dem die Meinung anderer egal ist) zu verbinden und aus dieser Verbindung heraus zu bestimmen, was als Nächstes passieren soll. Vielleicht geht es dann darum, den Kleiderschrank auszumisten oder auf eine Minigarderobe zu reduzieren, oder dein Zuhause gegen ein Wohnmobil auszutauschen und durchs Land zu reisen.
- Es ist unmöglich, vorher zu wissen, was am Ende für dich richtig sein wird. Nur eines weiß ich: Was immer auch passiert, wenn du dieses Buch liest und die Prinzipien des spirituellen Minimalismus umsetzt, die mit deinen Werten im Einklang sind – es wird mit Sicherheit zu einem lebensverändernden Abenteuer!

PRINZIP 1:
Priorisiere und kultiviere inneres Glück

»Bist du geistig nicht gefestigt, spielt es keine Rolle, inwieweit du finanziell gesichert bist. Es wird sich immer so anfühlen, als hättest du nicht genug.«
Der spirituelle Minimalist

Die einsame Welle

Eine einsame Welle war erschöpft, weil sie stets so aggressiv ihr Wellen-Überlebensverhalten hatte aufrechterhalten müssen. Eine einzelne Welle hat schließlich hart zu arbeiten, um mit den größeren, reicheren Wellen mithalten zu können. Sie verbringt ihre meiste Zeit damit, sich vor Gefahren zu schützen und darüber zu spekulieren, was die anderen, mächtigeren Wellen gerade im Schilde führen.

Als eine furchtlose Welle von den Sorgen der einsamen Welle hörte, ging sie zu ihr und gab ihr einen weisen Rat: »Du solltest versuchen, dich zu ent-regen.«

»Warum sollte ich das wollen?«, fragte die einsame Welle. »Sollte ich nicht lieber herausfinden, wie ich größer werden kann, damit ich ebenso furchterregend und mächtig bin wie diese größeren Wellen?«

»Vielleicht. Aber versuch es erst mal mit Ent-regen«, antwortete die furchtlose Welle mit einem wissenden Lächeln.

Die einsame Welle beschloss, den Rat der weisen Welle zu befolgen, und versuchte, sich zu ent-regen. Sie war nicht daran gewöhnt, sich bewusst zu verkleinern. Doch brauchte sie sich dafür bloß weniger anzustrengen, und schon begann sie ganz von selbst zu schrumpfen. Nach und nach verlor sie ihre Grenzen. Und ohne es zu merken, wurde die einsame Welle eins mit dem Ozean.

Nach einer Weile tauchte sie fröhlich wieder auf. »Wow, das war jetzt wirklich interessant«, berichtete sie der furchtlosen Welle. »Noch nie hab ich mich so verbunden gefühlt. Es war, als wäre ich Teil von etwas Größerem.«

Begeistert machte die einsame Welle die Ent-regungsübung Tag für Tag, immer wieder. Und tatsächlich entwickelte sie einfach dadurch, dass sie weniger tat, mit der Zeit ein inneres Vertrauen und eine Sicherheit, die sie noch nie so empfunden hatte. Und schon fühlte sie sich weniger einsam.

Auch wenn die einsame Welle sich gerade nicht bewusst ent-regte, wurde sie in den Momenten entspannter, in denen die Dinge nicht rundliefen. Sie hörte auf, angstgesteuerte Entscheidungen zu treffen, und verspürte eine seltsame, aber vertraute Verbindung mit allen anderen Wellen – selbst mit denen, die größer waren –, sodass diese ihr weniger furchterregend und unheimlich vorkamen.

Je mehr sie übte, sich zu ent-regen, desto mehr handelte sie aus ihrer wahren – ozeanischen – Natur heraus, und desto klarer wurde ihr, dass sie unter all den großen, mächtigen Wellen nie einfach nur eine einsame Welle gewesen war. Stattdessen war sie der mächtige Ozean selbst, der sich in einer einzigen Welle ausdrückte.

Du bist Geist

Aus spirituell-minimalistischer Sicht bist du Geist (der Ozean), der in einem Menschen (in einer Welle) seinen Ausdruck findet. Und wenn du dir die Zeit nimmst und die Mühe machst, dich regelmäßig (durch Meditation) zu ent-regen und damit deine Individualität aus dem Fokus zu nehmen, wirst du ein Bewusstsein für deine wahre geistige Natur gewinnen. Diese Verbindung mit dem Geistigen wird es dir erleichtern, die anderen sechs spirituell-minimalistischen Prinzipien zu verkörpern:

- wichtige Entscheidungen mit dem Herzen zu treffen,
- so mit dem Leben umzugehen, als gäbe es keine unwichtigen Momente,
- bereit zu sein zu geben, was du gern selbst hättest,
- deiner Neugier nachzugehen,
- Unangenehmes anzunehmen,
- dir die Freiheit von der Wahlfreiheit zu eigen zu machen.

Du wirst nach und nach ein erfüllteres Leben führen, denn die Wagnisse, die du bisher nicht eingegangen bist, weil du zu viel Angst hattest, werden dir weniger erschreckend und machbarer erscheinen. Du wirst Entscheidungen, bei denen du früher unsicher warst, leichter treffen können (so zum Beispiel: »Soll ich das Alte ausmisten, um Raum für etwas zu schaffen, das sich stimmiger anfühlt?«). Indem du dich an deine innere Geisteskraft anbindest, wirst du angstfreier in *allem,* was du tust, und in allem, was du bist. Und du wirst feststellen, dass du im Kern bereits perfekt, ganz und vollständig bist (genau wie der Ozean).

Du wirst dir nicht mehr aneignen müssen, als du schon hast, weil du keine Bestätigung brauchst. Du wirst nicht mehr mit den anderen mithalten müssen. Du wirst immer weniger Frustkäufe tätigen. Tatsächlich wirst du womöglich mit weniger leben wollen. Mit viel weniger. Nicht etwa, weil du es musst, damit du frei sein kannst. Eher umgekehrt: Du wirst dich *frei* fühlen, weil du diese Prinzipien verinnerlicht hast. Folglich wirst du dich wie von selbst von deiner Last erleichtern und anders leben wollen als die Version von dir, die sich leer fühlte und immer mehr äußere Dinge und Erfahrungen anhäufen musste, um die Leere zu füllen.

Mit diesem Perspektivwechsel nach innen wird es dich wie von selbst in allen Lebensbereichen zu mehr Einfachheit hinziehen, sodass du vielleicht mobiler, minimalistischer und anpassungsfähiger wirst, wenn es um Veränderungen geht. Und weil du dir weniger Sorgen darum machst, dass du deine materiellen Besitztümer verlieren könntest, wirst du eher bereit sein, eine Führungsrolle einzunehmen, deine Wahrheit auszusprechen und dich in den verschiedenen Lebensbereichen authentischer zu zeigen.

Aktion: Kontakt aufnehmen

Um uns vom Geistigen in uns leiten lassen zu können, müssen wir erst einmal regelmäßig Kontakt zu ihm aufnehmen und die Beziehung zu unserer inneren Führung – oder zu dem, was die alten spirituellen Traditionen »ein stilles, sanftes Sausen« nannten – pflegen. Das ist gar nicht so leicht, weil es so viele im Widerstreit stehende Stimmen in uns gibt, ganz besonders beim Meditieren. Was auch einer der Gründe ist, warum so viele Leute lieber nicht über längere Zeit mit geschlossenen Augen dasitzen. Diese ganzen rivalisierenden Stimmen machen die Meditationserfahrung mitunter ziemlich unerträglich.

Das ist ein wenig wie bei einem Athleten im Stadion, der, während er sich auf seine Sportart zu konzentrieren versucht, von den Leuten auf der Tribüne abgelenkt wird, die ihm zuschreien, was er als Nächstes tun soll. Analog dazu käme das »stille, sanfte Sausen« von den Fans, die ganz oben im Stadion sitzen und für den Athleten auf dem Feld kaum zu hören sind. Die angstgetriebenen Stimmen und die Stimmen der sozialen Konditionierung nehmen die vordersten, unteren Plätze ein, nur weil wir aus Gewohnheit unser Leben lang auf sie gehört und ihre Warnungen beherzigt haben. Deshalb scheinen häufig gerade diese Stimmen die lautesten zu sein, wenn wir mit dem Meditieren anfangen. Ihretwegen meinen wir auch, dass wir mit unserem »Affenverstand« nicht in der Lage sind zu meditieren.

Dabei geht es bei der täglichen Meditation genau darum, das »stille, sanfte Sausen« (auch unter dem Namen »Stimme des Herzens« bekannt) dazu zu bringen, mit den angstgetriebenen Stimmen den Platz zu tauschen. Anders ausgedrückt: Weder kannst du diese Stimmen loswerden noch kannst du deine Gedanken stoppen, indem du über das Nicht-Denken nachdenkst, deine Gedanken wie Wolken am Himmel vorüberziehen lässt oder dich nur auf die positiven Gedanken konzentrierst. Allerdings kannst du der Meditation mit etwas Zeit und Übung ermöglichen, das stille, sanfte Sausen und damit jene Gedanken lauter werden zu lassen, die dich ermutigen, dein authentischstes Selbst zu sein, das Richtige zu tun, in Liebe die Führung zu übernehmen und ganz im Augenblick präsent zu sein.

Sobald du dein »stilles, sanftes Sausen« klarer vernimmst, kannst du ihm auch viel leichter folgen. Dann wirst du die anderen Stimmen, die dir sagen, was du *nicht* tun sollst (und dass du dich doch bitte schön zurücknimmst und Gefühle vorgibst, von deinen Emotionen dissoziierst und dich auf die eine oder andere Art einengst), leichter wie das Hintergrundgeräusch behandeln können, das sie zu sein verdienen, und sie nicht mehr für tonangebend halten. Dabei ist es gar nicht wichtig, die Stimmen zu unterscheiden. Worauf es ankommt, ist, dass du dich darauf konzentrierst, dir eine *tägliche* Meditationspraxis zu schaffen. Dann wird mit der Zeit und mit zunehmender Erfahrung der Wandel einsetzen. Anhand der Qualität deiner täglichen Entscheidungen wirst du erkennen, dass sich tatsächlich etwas verändert hat.

Meditieren leicht gemacht

Ich habe mehr als zwanzig Jahre regelmäßig zweimal täglich zwanzig Minuten lang meditiert. Am meisten hat mir ein Lehrer geholfen, der mir eine sehr minimalistische Herangehensweise an die Meditation beigebracht hat. Dabei geht es einfach nur darum, bequem zu sitzen und meinen Verstand so anzunehmen, wie er ist. Von allen Meditationstechniken, die ich über die Jahre ausprobiert habe, war seine Herangehensweise die unkomplizierteste und ironischerweise die wirkungsvollste.

Zehn Schritte, um auf spirituell-minimalistische Weise zu meditieren

1. Setz dich möglichst früh am Morgen mit einer bequemen Rückenstütze hin (du brauchst nicht auf dem Boden zu sitzen).
2. Stell dir einen sanften Weckruf (etwa einen Glockenton) auf fünfzehn oder zwanzig Minuten.
3. Schließe die Augen.
4. Nimm drei tiefe Atemzüge und lass deinen Körper mit jedem Ausatmen ein wenig mehr entspannen.
5. Atme nach dem dritten tiefen Atemzug natürlich weiter und nimm eine freundliche Haltung gegenüber deinen Gedanken ein, ganz egal, woran du gerade denkst.
6. Nutze deinen natürlichen Atem als sanften, freundlichen Anker.
7. Während dein Verstand von einem Gedanken zum nächsten wandert, kehre mit deiner Aufmerksam-

keit immer wieder zum Atem zurück (du darfst erwarten, dass dein Verstand in einer einzigen Meditation Dutzende von Malen wandert).
8. Atme die ganze Zeit natürlich (es ist nicht nötig, den Atem zu kontrollieren oder tiefer werden zu lassen).
9. Wenn der Wecker klingelt, atme dreimal tief durch Nase oder Mund ein und aus.
10. Öffne nach dem dritten tiefen Atemzug langsam die Augen.

Bitte mach es nicht komplizierter, als es ist

Wer anfängt zu meditieren, neigt dazu, sich die Praxis durch Gedanken darüber zu verkomplizieren, ob die Handflächen nach oben oder unten zeigen und die Finger sich berühren sollten, ob im Hintergrund sanfte Musik spielen, man vor einem Altar sitzen, die Gedanken wie Wolken beobachten oder ein weißes Licht visualisieren sollte, das den Körper umhüllt. Die Antwort lautet nein, nein und noch mal nein. Bitte mach dir klar, dass du den zehn Schritten *nichts, aber auch gar nichts* hinzuzufügen brauchst. Und falls dir jetzt gerade vielleicht noch etwas einfällt, brauchst du auch das nicht hinzuzufügen.

Du musst nichts loslassen, dich auf nichts konzentrieren, nichts beobachten oder wahrnehmen, nichts visualisieren oder chanten, gegen nichts Widerstand leisten oder irgendetwas Bestimmtes beabsichtigen. Fokussiere dich nicht auf das stille, leise Sausen, versuch nicht herauszufinden, was es gerade sagt. Halte keine Kristalle in der Hand, die dir angeblich helfen, dich mit deiner inneren Führung zu verbinden. Bei der spirituell-minimalistischen Herangehensweise an die Meditation lassen wir alles Überflüssige weg. Wir üben eigentlich nur das *Sein* im Gegensatz zum Tun. Und mit etwas Zeit und Erfahrung wirst du erleben, auf welche wundersame Weise dieser Ansatz die Stimme deines Herzens lauter werden lässt.

Wie lange das dauert? So lang, wie es eben dauert. Bei manchen Menschen dauert es Wochen, bis sie die Verbindung zur Stimme ihres Herzens wiedergefunden haben, bei anderen sind es Monate. Das Wichtigste ist die Beständigkeit. Meditiere täglich ohne Ausnahme. Woran du erkennst, dass es funktioniert? An der Qualität deiner Entscheidungen. Du wirst dich immer mehr dafür entscheiden, spontan deinem Herzen zu folgen statt deinem Kopf, auch wenn es dir Angst macht. Aber darauf werden wir beim nächsten Prinzip noch näher eingehen, wo es darum geht, dem eigenen Herzen Folge zu leisten. Einstweilen ist es vor allem wichtig, dass du lernst zu hören, was es sagt, denn sonst kannst du ihm auch nicht wirklich folgen. Und genau dabei unterstützt dich die tägliche Meditation mehr als alles Tagebuchschreiben, als jede Therapie, als Sport oder Sonstiges, was du unternehmen magst, um besser auf dein Herz hören und ihm folgen zu können.

Die Natur deines Verstandes

Im Jahr 2018 habe ich ein Buch über Meditation mit dem Titel *Bliss More* veröffentlicht. Ich hatte es für Menschen geschrieben, die an die Macht der Meditation glauben, aber nicht wissen, wie man Meditation auch angenehm gestalten kann. In dem Buch stelle ich einen Zugang dazu vor, den ich E.A.S.Y. genannt habe, ein Akronym für *Embrace* (Umarmen), *Accept* (Annehmen), *Surrender* (Sich-Überlassen) und *Yield* (Zulassen). Es sind Anregungen für den Umgang mit unseren Gedanken, damit wir das Meditieren bestmöglich genießen können. Wenn bei Meditierenden der Spitzenreiter unter den Klagen in »mentalem Lärm« besteht, dann neutralisieren wir ihn am besten, wenn wir unseren Verstand nicht als Feind der Meditation betrachten. Pflegen wir beim Meditieren eine freundlichere Haltung unserem denkenden Geist gegenüber, werden wir feststellen, dass die aufdringlichsten Gedanken mit der Zeit nachlassen.

Das bedeutet, dass wir unser wunderbares Denken hoffentlich nicht mehr als »Gedankenkarussell« bezeichnen, wie wir es zu Beginn unserer Meditationspraxis gern beschreiben, wenn wir noch unerfahren sind. Es ist weit verbreitet, den Geist als verrückten, betrunkenen Affen zu bezeichnen, der von einem Skorpion gestochen wurde und sich nun willkürlich von Ast zu Ast schwingt (oder in der Meditation von einem Gedanken zum nächsten). Diese Assoziation mit dem betrunkenen Affen bringt Meditierende zu Beginn ihrer Praxis dazu, ihre Gedanken abzulehnen und ihrem sogenannten Affengeist vorzuwerfen, eine Erfahrung zu sabotieren, die andernfalls wunderbar hätte sein können.

Dabei ist unser Geist in Wahrheit weder defekt noch falsch und ganz gewiss kein verrückter, betrunkener Affe. Es liegt in seiner Natur, Gedanken zu haben – und zwar eine ganze Menge davon. Laut Forschungsergebnissen haben wir (ob wir nun meditieren oder nicht) zwischen

60 000 und 90 000 Gedanken pro Tag, was in etwa drei Gedanken pro Sekunde ausmacht. Technisch gesehen ist also für uns alle, unabhängig von Geschlecht, Ethnie, Kultur oder auch Meditationserfahrung, das »Gedankenkarussell« etwas ganz Natürliches.

Falls das nach vielen Gedanken klingt, stell dir Folgendes vor: In den etwa zwanzig Sekunden, die du zum Lesen des letzten Absatzes mit seinen sechsundsiebzig Wörtern benötigt hast, hast du Dutzende von Gedanken gehabt. Zählst du mindestens einen Gedanken pro Wort, dann hattest du mindestens sechsundsiebzig Gedanken. Hat sich aber wahrscheinlich nicht danach angefühlt, oder? Das liegt daran, dass du dich aufs Lesen konzentriert hast und die meisten Gedanken mit dieser Tätigkeit zu tun hatten, die du bereits zahllose Male betrieben hast. Daher hat dein Geist einen Großteil der Informationen im Unterbewusstsein – neben der Verarbeitung äußerer Variablen wie Wahrnehmung der Umgebung mit Augen, Ohren, Nase, Tastsinn und Gefühlen – mit der Buchstabenerkennung, der Verarbeitung bekannter Wörter, dem Verständnis der Satzstruktur und Quervergleichen aufgefüllt. Genau auf diese Weise kamen die Forscher auf die Zahl von mindestens 60 000 Gedanken pro Tag.

Pero la realidad es que tu mente no está rota, no está corrompida y ciertamente no es un mono borracho con epilepsia. La naturaleza de tu mente es pensar pensamientos, y un número significativo de pensamientos. Según la investigación, la persona promedio (meditador o no) experimenta de 60 a 90 mil pensamientos por día, lo que equivale a un rango de tres pensamientos por segundo. Entonces, todos nosotros, independientemente de nuestro género, raza, cultura o incluso experiencia previa con la meditación, técnicamente tenemos una mente »ocupada«.

Der letzte Absatz ist kein Druckfehler. Er besagt dasselbe wie der aus sechsundsiebzig Wörtern bestehende Absatz weiter oben, allerdings auf Spanisch. Hast du versucht, ihn zu lesen? Und falls ja, war dein Geist noch beschäftigter, obwohl das Spanische dieselben Gedanken ausdrückt wie der weiter oben stehende Absatz? Falls du kein Spanisch verstehst, wird es dem Geist schwererfallen, die Wörter zu erkennen. Er wird mit Gedanken überflutet über die Bedeutung, mit Urteilen über das Nichtverstehen, die langsame Verarbeitung, die negativen Auswirkungen dessen, dass du nicht verstehst, was du liest, mit Fragen darüber, warum dort etwas Spanisches steht und so weiter. Mit anderen Worten: Du wirst dieselbe Anzahl von Gedanken haben, aber die Erfahrung mit der Fremdsprache wird dir sofort das Gefühl geben, der Geist habe noch viel mehr zu tun, und dein Wunsch aufzugeben wird exponentiell größer sein.

Genau das passiert im Wesentlichen beim Meditieren. Stellst du dir die Meditation wie eine Fremdsprache vor, ist die Wirkung die gleiche. Mit geschlossenen Augen dazusitzen und nichts zu tun ist so unvertraut, dass es die Gedanken umso mehr hervortreten lässt – denn dein Geist fühlt sich verloren. Er wandert. Er ist abgelenkt. Er versucht zu verstehen, was gesagt wird. Und noch dazu wird von dir verlangt, dich bewusst *nicht* auf irgendeine bestimmte Aktivität, Empfindung oder auf einen Gedanken zu fokussieren, sondern einfach nur zu sein. Aber zu sein kann sich schwierig anfühlen (zunächst), denn es bedeutet das Ende des uns vertrauten Tuns – wir hören sozusagen auf, unsere eigene Sprache zu sprechen. Beim Meditieren hat der Geist außer »Zeitverschwendung« oder »Langeweile« nichts, womit er das Sein vergleichen oder labeln könnte, denn er stellt es einem »produktiven« oder unterhaltsamen Tun gegenüber.

Vielleicht hast du auch das Gefühl, dass deine Gedanken beim Meditieren vom normalen Volumen auf einen schrillen »Affenverstand«-Pegel hochfahren und dein Geist dich mit einer Reihe von lauten, zersplitterten, angstvollen, spastischen oder auch langweiligen Gedanken überflutet, von denen die meisten Bedauern aus der Vergangenheit, Gespräche, Liedtexte, zufällige Gedankenverkettungen zu völlig unzusammenhängenden Erlebnissen, Müdigkeit, Ziele und Ambitionen und irgendwelche sonderbaren Empfindungen betreffen. Aber die Sache ist die: Es gehört alles zum Lernen der Sprache dazu. Während du dich darin übst, freundlich mit *allen* deinen Gedanken umzugehen, und nicht gegen sie ankämpfst oder dich dafür abwertest, wirst du merken, wie die lärmenden Gedanken leiser werden und in den Hintergrund deines Bewusstseins rücken, und langsam wird dein Geist ruhiger als zu Beginn deiner Meditation.

Das Mittel gegen Stress

Falls jemand denkt: *Light, ich meditiere zwar, aber meine innere Führung kann ich trotzdem kaum besser hören:* Meiner Erfahrung nach hat die Mehrheit der Meditierenden entweder nur ein lockeres Verständnis von Regelmäßigkeit oder *tut* beim Meditieren viel zu viel.

Wenn ich einen Vortrag zur Meditation halte, frage ich die Zuhörer und Zuhörerinnen gern am Anfang, wie ernst sie es mit der Meditation meinen. Zuerst bitte ich diejenigen, die meditieren, die Hand zu heben. Bei hundert Anwesenden gehen meist achtzig Hände in die Höhe. Dann sage ich: »Behaltet die Hand oben, wenn ihr in den letzten vierundzwanzig Stunden meditiert habt.« Sofort lässt die Hälfte der Leute die Hände sinken, es bleiben also etwa vierzig in der Luft. Als Nächstes sage ich: »Behaltet die Hand oben, wenn ihr diese Woche täglich meditiert habt.« Es bleibt wiederum etwa die Hälfte übrig, also zwanzig Hände. Und zum Schluss: »Behaltet die Hand oben, wenn ihr den ganzen letzten Monat täglich meditiert habt.« Und schon bleiben nur noch zwei, drei Leute übrig. »Aaah, da haben wir die *täglich* Meditierenden.«

Der Punkt ist, dass es keinen Sinn hat, nur ein paarmal pro Woche, geschweige denn ein paarmal im Monat zu meditieren. Um Zugang zur Stimme deines Herzens zu bekommen, *musst* du es *täglich* tun. Ohne Pausen. Ohne Ferien-, Geburtstags- oder Wochenendausnahmen. Denn Meditieren hilft uns, uns von dem zu befreien, was uns den Zugang zur Stimme unseres Herzens am meisten verbaut: Stress.

»Stress« ist ein Sammelbegriff. Er entsteht bei allem, was bei uns eine schmerzliche Reaktion auf eine ansonsten nicht lebensbedrohliche Forderung, auf Druck oder veränderte Erwartungen hervorruft. Mit anderen Worten: Wann immer wir Angst bekommen, traurig, wütend, gelangweilt oder überaktiv werden, meint unser Körper, dass wir angegriffen werden, und löst automatisch die Kampf-oder-Flucht-Reaktion aus, die uns vor einer potenziellen Bedrohung schützen soll.

Der Körper schüttet zum Eigenschutz eine Menge mächtiger (aber toxischer) Stresshormone aus, die dafür verantwortlich sind, zusätzliche Kraft und Ausdauer für Flucht oder Kampf zu stimulieren. Erleben wir diese toxischen Biochemikalien aber zu häufig, kann dies zu Langzeitwirkungen wie Angst, Depression und der Unfähigkeit führen, sich zu konzentrieren. Das heißt, die eigene Intuition gerät durcheinander, und wir werden von der Stimme unseres Herzens abgeschnitten, was wiederum zu Stillstand durch zu viel Grübelei führt und die Angst am Leben hält.

Im Gegensatz dazu wirken die beruhigenden Hormone, die sich durch tägliches Meditieren im Körper bilden und verteilen, wie ein Anti-Stress-Mittel. Mit anderen Worten: Die Kampf-oder-Flucht-Chemikalien unseres Körpers können in einem Nervensystem nicht überleben oder gedeihen, das mit den durch tägliche Sitzmeditation frei gewordenen Biochemikalien gesättigt ist. Folglich wird es uns immer leichter fallen, die Stimme des Herzens durch den Lärm hindurch wahrzunehmen, der sich in Jahrzehnten freier Stressakkumulation gebildet hat.

Fragen zur Meditationspraxis

Kann man auch zu viel meditieren?

Sicher. Aber dass wir zu wenig meditieren, passiert viel häufiger. 99 Prozent der Leute fällt es eher schwer dranzubleiben. Daher brauchst du dir über zu viel Meditation keine Gedanken zu machen. Solange du nicht gleich ins Kloster willst, wird zu viel Meditation nicht dein Problem sein. Versuch einfach dranzubleiben. Einmal täglich eine Viertelstunde oder zwanzig Minuten sind ein gutes Ziel.

Wie weiß ich, ob ich beim Meditieren wirklich meditiere?

Genauso, wie du weißt, dass du gerade surfst (du bist auf dem Wasser) oder tanzt (du bist auf der Tanzfläche). Es geht nicht darum, von einem Tag auf den anderen den Geist auf Abruf zum Schweigen zu bringen. Meditieren ist ein Prozess, und solange du mit der Absicht dasitzt zu meditieren, kannst du darauf vertrauen, dass du es gerade tust.

Zu wie viel Prozent meiner Meditationszeit sollte mein Geist herumschweifen?

Zu hundert Prozent. Genauso wenig, wie du dein Herz am Schlagen hindern kannst, indem du ständig denkst: »Schlag nicht«, wirst du deinen Geist bei der Meditation am Herumschweifen hindern können. Er wird es immer weiter tun, sodass du lieber deine Haltung änderst und ihm freundlich begegnest, statt ihn zu bekämpfen. Mit anderen Worten: Strafe deinen Geist nie dafür, dass er denkt. Wenn du dich dagegen darin übst, den herumschweifenden Geist zu feiern, wird er sich umso mehr beruhigen.

Woran merke ich, ob die Meditation funktioniert?
Hier sind fünfzehn Anhaltspunkte, die dir zeigen, dass sie wunderbar funktioniert, auch wenn es sich vielleicht nicht so anfühlt.

1. Dir steht außerhalb der Meditation mehr Energie zur Verfügung.
2. Du schläfst nachts besser.
3. Du hast im Leben weniger das Bedürfnis zu kontrollieren.
4. Du kannst auch in scheinbar »schlimmen« Situationen den Silberstreifen am Horizont sehen.
5. Dein Glas ist eher halb voll als halb leer.
6. Du bist furchtloser, wenn es darum geht, deinem Herzen zu folgen.
7. Du machst dir weniger Sorgen.
8. Du findest dich besser mit Veränderungen zurecht.
9. Du hältst Zurückweisung viel besser aus.
10. Du wirst seltener krank.
11. Du freust dich mehr an deiner eigenen Gesellschaft.
12. Du traust dich mehr.
13. Du räumst der Selbstfürsorge Priorität ein.
14. Du bist entscheidungsfreudiger.
15. Du bist präsenter.

Inwiefern hängt Meditation mit Minimalismus zusammen?

Meditation wird auf deiner Reise in den spirituellen Minimalismus eine entscheidende Rolle spielen. Denn sie unterstützt dich dabei, Zugang zur Stimme deines Herzens zu finden, die dir sagt, was gut für dich ist und was du lieber vorbeiziehen lässt. Stell dir vor, wie viel Zeit du sparen kannst, wenn du nicht mehr lange überlegen musst, was richtig für dich ist und was nicht.

Mit mehr Unterscheidungskraft kannst du doppelt so effektiv sein wie jemand, dem die doppelte Menge an Zeit zur Verfügung steht, und zwar schon allein, weil du für deine Zeitoptimierung innere Führung erhältst. Das ist mit dem spirituellen Axiom »Tu weniger, um mehr zu erreichen« gemeint. Und genau deshalb ist deine Unterscheidungskraft so entscheidend auf deiner Reise in den spirituellen Minimalismus. Diese Kraft wird dir helfen zu *spüren,* welche Gegenstände und Erfahrungen wichtig für dich sind, welche Bücher du lesen, welche Orte du aufsuchen und wen du mit auf deine Reise einladen solltest.

Solange wir keinen Zugang zu unserer Unterscheidungsfähigkeit haben, räumen wir leicht den falschen Dingen Priorität ein. Und so häufen sich Tausende Male falsche Prioritäten an, die am Ende zu Erfahrungen führen wie etwa einer Krankheit, einem Feststecken in nervtötenden Jobs oder einer toxischen Beziehung. Diese Lebensumstände entstehen nicht aus heiterem Himmel oder durch Zufall, sondern durch schlechte Entscheidungen, die Hunderttausende Male wegen unzureichender Urteilskraft getroffen wurden.

Natürlich werden viele Menschen in solchen Situationen leugnen, dass ihre Lebenslage aus einem Mangel an Unterscheidungsfähigkeit entstanden sei. Dabei entspringt sogar ihre Unfähigkeit, diese Verbindung zu erkennen, aus ebendiesem Mangel. Es gibt also kein Entrinnen. Und deshalb ist Meditation nicht nur wichtig, sondern notwendig, denn es gibt nur wenige Erfahrungen, die das Bewusstsein wirksamer erweitern, als ein- oder zweimal pro Tag mit geschlossenen Augen eine Viertelstunde oder zwanzig Minuten zu sitzen und sich nach innen zu wenden.

Bekennst du dich erst einmal zu deiner täglichen Praxis, werden sich dir diese anfangs nicht erkennbaren Verbindungen wie Magic-Eye-Bilder erschließen. Du brauchst gar keine Bücher zu lesen oder Videos darüber anzuschauen, wie sinnvoll Meditation ist, denn du verstehst es plötzlich dank deiner direkten persönlichen Erfahrung.

Was ich immer bei mir habe: meinen Meditationsschal

Meditationsschals gibt es schon so lange wie die Meditation selbst. Dein Schal lässt dich nicht nur wie einen echten Meditierenden aussehen, sondern er kann, spirituell-minimalistisch gesehen, auch außerhalb der täglichen Praxis außerordentlich nützlich sein.

Ich verwende einen Paschminaschal aus dem Unterfell, das Ziegen im Frühjahr von selbst ausfällt. Traditionsgemäß ist es gekämmt und wird von den Changpa gesammelt. Übrigens sind die Changpa zufällig ein Nomadenvolk im Himalaya.

Meinen Paschminaschal habe ich aus Rishikesh, das am Fuß des Himalayas in Nordindien gelegen ist. In den kühleren Wintermonaten hält er mich beim Meditieren gemütlich warm, denn ich habe festgestellt, dass sich Körper und Geist leichter beruhigen, wenn mir nicht kalt ist. In diesem Sinne kann der Schal die Qualität der Praxis entscheidend beeinflussen.

Paschminaschals sind sehr dünn und passen überall hinein, ganz abgesehen davon, dass sie bequem sind. Doch jeder Schal ist für die Meditation geeignet. Auch wenn meiner vor allem der Meditation dient, ist er nicht darauf beschränkt.

Hier noch sieben weitere Möglichkeiten, auf die ich meinen treuen Meditationsschal in vielen Jahren täglicher Meditation genutzt habe, und ein kleiner Blick auf das, was du verpasst, wenn du ohne Schal meditierst.

Als Extradecke

Falls dir irgendwo auf Reisen in einem Zimmer kalt ist, kannst du es dir gemütlicher machen, wenn du deinen Schal zwischen Bettlaken und Decke ausbreitest.

Als Decke fürs Nickerchen zwischendurch

Wenn du nach deiner täglichen Meditation noch ein bisschen Ruhe brauchst, leg dich einfach da hin, wo du gerade bist, und nutze deinen Schal als Decke.

Als Augenbedeckung

Wenn du im Zimmer oder im Flugzeug eine Abdunklung brauchst, aber keine Kontrolle über das eindringende Licht hast, wickle dir den Schal sanft um die Augen, und schon ist er die perfekte Augenmaske für eine tiefere Erholung.

Als Moskitonetz

Jeder kennt das: Mitten in der Nacht summt dir eine Mücke um die Ohren, während du zu schlafen versuchst. Entweder schlägst du in der Dunkelheit um dich (aber glaub ja nicht, dass du sie erwischst), oder du legst dir deinen Meditationsschal übers Gesicht. Er ist dick genug, um dich vor der Mücke zu schützen, und so leicht, dass du gut atmen kannst.

Als Fliegenschutz

Meditierst du irgendwo in Anwesenheit von Fliegen? Falls du den Zustand der Erleuchtung, in dem dich Insekten nicht weiter nerven, noch nicht erreicht haben solltest, kann dir dein Meditationsschal nützlichen Schutz gegen diese Art von Störung bieten.

Als Kissen

Wenn du auf einem Langstreckenflug das Glück hast, eine Reihe ganz für dich zu haben, kannst du deinen Schal zusammenrollen und als Kissen verwenden oder, wenn du nur deinen Sitz zur Verfügung hast, als Kopfstütze einsetzen.

Als provisorisches Kleidungsstück

Wenn du am Morgen aufstehst und noch in der Unterwäsche oder nackt bist, kannst du den Schal wie ein Badetuch um die Hüfte oder um die Brust schlingen, um andere nicht in Verlegenheit zu bringen.

Auch falls du gar kein Interesse an einem Meditationsschal haben solltest, kann dich dieser »Was ich immer bei mir habe«-Abschnitt vielleicht dazu anregen, spirituell-minimalistisch zu denken, wann immer du dir etwas Neues anschaffst und überlegst, wofür du es alles nutzen kannst. So wirst du schließlich, falls du jemals das Bedürfnis danach hättest, mit leichterem Gepäck zu reisen, auch ohne den Anspruch, minimalistisch zu agieren, mit weniger mehr tun.

PRINZIP 2:
Triff deine Entscheidungen mit dem Herzen

> »Dem Herzen nicht zu folgen ist eine Form
> von Selbstbetrug, und das heißt,
> dass du alles, was danach kommt,
> selbst zu tragen hast.«
> **Der spirituelle Minimalist**

Mein Sprung ins Ungewisse

Noch versammelten sich viele Hippies vor meiner Einzimmerwohnung in West Hollywood, um ein persönliches Mantra von mir zu bekommen. Es war das Jahr 2007, ich hatte gerade begonnen, vedische Meditation zu unterrichten, und war unterwegs zum Nachbarschafts-Mantradealer geworden. Meine Entscheidung zu unterrichten hatte mir an mehreren Stellen mutige Sprünge ins Ungewisse abverlangt, und ich hatte wirklich das Gefühl, meine Bestimmung gefunden zu haben.

Ich verdiente mehr Geld denn je mit etwas, das ich ungelogen auch gratis gemacht hätte, und half damit Menschen auf eine Weise, die sich authentisch anfühlte und mit meiner Seele im Einklang stand. Allem Anschein nach lebte ich meinen Traum. Und als wäre das nicht genug, lernte ich im selben Jahr in einem Bioladen eine wunderschöne junge Frau kennen. Wir fingen eine liebevolle Beziehung an, die darin gipfelte, dass wir uns in einer der gefragtesten Gegenden von Venice Beach, Kalifornien, ein hübsches Strandcottage mieteten.

Aber nur wenige Monate nach unserem Einzug stagnierte mein Unterrichtsbusiness plötzlich. Ich sammelte zwar Erfahrung und wurde ein besserer Lehrer, aber es kamen einfach kaum noch Leute. Und dabei stand ich doch so unter finanziellem Druck, weil wir gerade erst in dieses viel teurere Haus gezogen waren.

Da verließ mich aus heiterem Himmel auch noch meine Freundin und zog aus. Ich war fassungslos, traurig und völlig überfordert, weil sich meine Miete über Nacht verdoppelt hatte. In der Zwischenzeit häuften sich die Rechnungen an – und jetzt war es dringend notwendig für mich, Menschen das Meditieren beizubringen. Die wenigen, die zu meinen kostenlosen Schnupperkursen kamen, spürten meine Verzweiflung, sodass sie sich nicht für den zahlungspflichtigen Kurs anmeldeten.

Es war eine sehr verwirrende Zeit, denn tief im Innern spürte ich, dass ich meinen Weg gefunden hatte und genau das tat, was mein Herz mir sagte. Was zunächst so gut angefangen hatte, stellte ich nun infrage. Sollte ich vielleicht nicht dazu bestimmt sein? Sollte ich an einen anderen Ort ziehen? Wie sollte ich meine Rechnungen bezahlen? Sollte ich mir einen Teilzeitjob suchen?

Ich werde nie vergessen, wie ich eines Nachts online ging und rund um Los Angeles nach Teilzeitjobs für 18 bis

20 Dollar pro Stunde suchte. Ich las die Jobbeschreibungen: Dieser Job verlangt einen Einsatz von zwanzig Stunden die Woche für diese oder jene Arbeit, Sie müssen bereit sein, sonst wohin zu pendeln (bis Brentwood, Pasadena oder an einen anderen, von Venice Beach weit entfernten Ort). Und ich erinnere mich, wie ich dasaß und versuchte, mir vorzustellen, wie ich zu einem Teilzeitjob pendeln und trotzdem genug Zeit haben würde, um Meditation zu unterrichten, wenn sich denn eine Möglichkeit dazu böte. Das war nicht leicht, denn diese Gelegenheiten ergaben sich ja nur sporadisch. Also suchte ich weiter nach dem richtigen Teilzeitjob.

Da ging mir etwas auf (heute weiß ich, dass es die Stimme meines Herzens war, damals hielt ich es für einen Geistesblitz). Plötzlich dachte ich: »Mann, jetzt denke ich so viel darüber nach, wie ich Jobs miteinander verbinden und das Business von jemand anderem aufwerten kann. Wie wäre es denn stattdessen, wenn ich diese zwanzig Arbeitsstunden in der Woche intensiv auf mein Marketing oder einen anderen Aspekt meines Unterrichtsbusiness verwenden würde oder einfach darauf, ein besserer Lehrer zu werden?«

Jetzt fing ich an, darüber nachzudenken, wie ich dazu beitragen könnte, Meditation allgemein bekannter zu machen. Da forderte mich die Stimme meines Herzens auf, meine Kompaktkamera herauszuholen (Smartphones gab es noch nicht) und Videos über verschiedene Meditationsaspekte zu drehen, zum Beispiel mit Antworten auf häufig auftauchende Fragen oder Definitionen zu Begriffen wie »Bewusstsein« und »Nirwana«, und sie auf einer Website namens YouTube zu posten, die erst wenige Jahre davor gelauncht worden war.

In den darauffolgenden Tagen verwandelte ich mein Wohnzimmer in ein Aufnahmestudio. Jeden Tag nahm ich mehrere Drei- oder Vier-Minuten-Videos zu verschiedenen Aspekten der Meditation auf und lud sie bei YouTube hoch. Die Videos stießen auf eine bescheidene Resonanz, und langsam ging es mit meinem Unterricht wieder aufwärts, sodass es immerhin zum Begleichen der wichtigsten Rechnungen ausreichte.

Da kam mein Herz mit der Idee an, eine Unterrichtsreise nach New York zu organisieren. Das machte mir wirklich Angst, denn bis dahin hatte ich noch nicht außerhalb von Los Angeles unterrichtet. Ich hatte weniger als tausend Dollar auf meinem Konto, und die offenen Rechnungen beliefen sich auf drei- bis viertausend Dollar. Wenn ich also extra nach New York flog und am Ende keiner kam, wäre ich geliefert, denn ich würde nicht nur einen Kursraum vorab bezahlen, sondern auch eine Unterkunft mieten und noch weitere Ausgaben tätigen müssen mit Geld, das ich gar nicht besaß.

Inzwischen war mir eingefallen, dass mich einige meiner New Yorker Freunde mehrfach gebeten hatten, doch mal zu kommen und ihnen das Meditieren beizubringen. Allerdings befürchtete ich, dass sie, wenn ich tatsächlich kam, gar nicht auftauchen würden. Und während ich so zwischen der Angststimme und der Stimme des Herzens hin und her schwankte, wo mir die erste sagte, ich solle mein restliches Geld nicht für eine Reise verschwenden, an deren Ziel dann doch keiner käme, und die zweite mich ermutigte, den Sprung zu wagen, beschloss ich schließlich widerstrebend, letzterer zu folgen.

Also gab ich die Hälfte meiner letzten tausend Dollar

für ein Flugticket nach New York und den Rest für die Miete eines Kursraums aus. Bei meinem kostenfreien Schnupperkurs war dann wirklich keiner meiner Freunde anwesend, die mich so darum gebeten hatten, nach New York zu kommen. Tatsächlich waren nur etwa sechs Leute von den fünfzehn da, die sich vorab gemeldet hatten.

Ich versuchte, meine Enttäuschung nicht zu zeigen, und trug meine Einführung so vor, als stünde ich vor hundert Leuten. Vier von den sechsen meldeten sich für das kostenpflichtige Training an, was mir etwa sechstausend Dollar einbrachte – mehr als genug, um die Reise und meine Rechnungen abzudecken.

Einer der Schüler, ein Physiotherapeut, war so begeistert, dass er mich zu einem erneuten New-York-Aufenthalt einlud, damit ich seine Patienten in seiner Physiotherapiepraxis unterrichtete, die er mir als Kursraum umsonst anbot. Außerdem versicherte er mir, er kenne Dutzende wohlhabender New Yorker, die sich ebenfalls für meinen Kurs anmelden würden. Ich fragte ihn, wie er auf meinen Kurs aufmerksam geworden sei. »Ich hab mir deine YouTube-Videos angeschaut.«

Diese Zusammenarbeit gab meiner Tätigkeit als Meditationslehrer neuen Aufschwung. Plötzlich war ich nicht mehr der, der zu wenig Geld hatte, um seine Rechnungen zu bezahlen, sondern einer der beliebtesten Meditationslehrer an der West- und Ostküste der USA. Meine YouTube-Videos gewannen weiter an Boden, und immer mehr Leute kamen, um zu lernen – nur weil ich der Stimme meines Herzens gefolgt war.

Ich begann, weltweit Workshops zu leiten. Ich organisierte und leitete ausgebuchte Retreats. Ich hielt einen

TEDx-Talk, der viral ging, und fing an, Bücher zu schreiben. Und musste mich nie mehr nach einem Teilzeitjob umsehen. Diese Erfahrung war sehr kostbar, meine wichtigsten Erkenntnisse aber sind folgende:

Erstens: Wenn dich die Stimme deines Herzens in Richtung deiner Bestimmung führt, wird das, was dir hilft, den ersten Schritt zu tun, nicht unbedingt gleich das Richtige sein, um deiner Bestimmung auch weiter nachzugehen und sie wachsen zu lassen. Du wirst deinem Herzen daher immer wieder zuhören und folgen und auf deinem Weg stets kreativ bleiben müssen. Die meiste Zeit wirst du Angst haben, auch wenn es eine gute Angst ist, die im Gegensatz zu lähmender Angst mit Wachstum und Ausdehnung einhergeht.

Zweitens: Ein Sprung ins Unbekannte darf kein isolierter Vorgang sein. Deine ganze Lebenseinstellung muss sich verändern. Vielleicht liegen hundert solcher Sprünge zwischen dem, wo du jetzt stehst, und dem, wo du in fünf Jahren stehen wirst, du musst also immer wieder auf die Stimme deines Herzens vertrauen, die dich nie in die Irre führt.

Drittens: Wenn du zwar das Gefühl hast, deiner Berufung gemäß zu leben, aber noch nicht die Mittel oder Unterstützung zur Verfügung bekommst, die du benötigst, um damit über die Runden zu kommen, musst du anfangen, dir andere Fragen zu stellen als: »Wie soll ich meine Rechnungen bezahlen?« Eher solltest du dich fragen: »Wie kann ich meinen Ansatz noch authentischer vertreten?«, und: »Wie kann ich auf ganz natürliche Weise noch mehr Menschen helfen?«

Die Antworten auf diese Art von Fragen werden dir die

Schritte zeigen, die du tun musst, um deine Berufung auf die nächste Stufe zu heben. Allerdings musst du still genug sein, um die Antworten auch klar und deutlich hören zu können (deshalb ist Meditieren so wichtig). Und dann brauchst du Mut, um die Sprünge auch zu wagen, zu denen die Stimme deines Herzens dich auffordert (und die dann *deine* »Reise nach New York« sind).

Aktion: Finde die Stimme deines Herzens mit dem A/B-Test

Wir alle haben Dutzende von Stimmen im Kopf, und jede sagt uns, was und wie wir es tun sollen. Man könnte meinen, dass das mit der täglichen Meditationspraxis aufhört. Aber in Wahrheit bleiben diese Myriaden von Stimmen da, sie schreien und buhlen um deine Aufmerksamkeit, und jede klingt dringender und wichtiger als die anderen.

Dennoch wird sich bei regelmäßiger Meditation eine Stimme mit der Zeit klarer hervorheben: die stille kleine Stimme der inneren Führung, die wir auch als Intuition oder Stimme des Herzens bezeichnen. Das ist die Stimme, die dich dazu ermutigt, besser für dich zu sorgen, wenn du viel zu tun hast, das Richtige zu tun, auch wenn es umständlich ist, und selbst dann eine mutige Entscheidung zu treffen, wenn sich die meisten Menschen für eine sicherere Lösung entscheiden. Auch wenn die anderen Stimmen nicht verschwinden werden, kannst du mithilfe der Meditation das Volumen der sonst so leisen, kleinen Stimme des Herzens so weit aufdrehen, dass du sie nicht mehr überhörst und entsprechend zu handeln vermagst.

Wann immer ich Texte veröffentliche, in denen es darum geht, dem eigenen Herzen zu folgen, erhalte ich unweigerlich eine Flut von Kommentaren und Fragen von Lesern und Leserinnen, die behaupten, sie könnten gar nicht hören, was ihr Herz oder ihre innere Führung sagt. Ich weiß ja nicht, ob du auch schon mal dieses Gefühl gehabt hast, aber ein Grund für die Schwierigkeit, die Stimme des Herzens zu hören, ist sicher, dass sie gegen so viele andere Stimmen (Ego, Schmerzkörper, Angst, altes Trauma und mehr) antritt. Hier ein Trick: Mach es wie erfolgreiche Unternehmer mit ihrer Internet-Marketing-Strategie und fang bewusst an, diese Stimmen nach dem A/B-Test zu vergleichen.

Mit anderen Worten: Wenn dir viele Stimmen im Kopf widersprüchliche Ratschläge bieten, befolge zunächst diejenigen, von denen du meinst, sie könnten von der Stimme deines Herzens stammen, und schau, ob du dich davon inspiriert fühlst oder nicht. Nach fünfhundert oder vielleicht tausend solchen Experimenten wirst du auf die wahre Stimme des Herzens ausgerichtet sein. Sie schubst dich in die Richtung deines Potenzials, das häufig außerhalb deiner Komfortzone, aber innerhalb deiner Wachstumszone liegen wird. Dort hast du zwar keine Ahnung, wie sich die Dinge am Ende entwickeln werden, aber wenn du dir das bestmögliche Ergebnis vorstellst, schenkt es dir ein Gefühl der Weite. Genau das ist ein Zeichen dafür, dass es die Stimme deines Herzens ist, die dich führt.

Anleitung für den A/B-Test

Das Erlernen der Sprache der Stimme deines Herzens ist dem Erlernen einer Fremdsprache sehr ähnlich. Als Kind lernt man die neue Sprache natürlich viel leichter einfach durchs Hören. Als Erwachsener dagegen musst du die Fremdsprache sorgfältig erkunden und bewusst üben. Außerdem musst du bereit sein, jede Menge Fehler zu machen, bis du sie fließend beherrschst.

Ähnlich funktioniert es mit der Stimme des Herzens. Du musst deine inneren Stimmen erforschen und bewusst üben, denen zu folgen, von denen du das Gefühl hast, dass sie die wahre Stimme deines Herzens repräsentieren. Natürlich werden dir Fehler unterlaufen, und du wirst ab und zu auch deiner Ego- oder Angststimme folgen. Aber nur so wirst du lernen, die Stimme deines Herzens von all den anderen zu unterscheiden.

Hier einige der Eigenschaften, anhand derer du die wahre Stimme deines Herzens erkennen kannst:

Die Stimme deines Herzens wird dir nicht sagen, was du nicht tun sollst, sondern nur, was du tun sollst. Sie wird dir zum Beispiel nicht sagen: »Sprich nicht mit dieser Person.« Was sie dagegen sagen könnte, wäre: »Hör jetzt einfach mal nur gut zu.«

Die Stimme deines Herzens wird dich auffordern, deine Komfortzone zu verlassen. Beispiel: Vielleicht lockt es dich, einer dir vollkommen fremden Person ein Kompliment zu ihrem Outfit zu machen. Nur zu, denn das ist die Stimme deines Herzens.

Sie wird dich zu mehr Mut antreiben. Beispiel: In einem Gruppensetting könntest du aufgefordert werden, aufzustehen und eine persönliche Erfahrung zu teilen, die womöglich anderen helfen wird. Die Stimme des Herzens sagt dir: »Na los, sprich einfach aus dem Herzen heraus!«, während die Angststimme dich drängen wird, *nicht* zu sprechen, denn schließlich könnte das, was du sagen würdest, ja auch dumm klingen.

Sie ist das Gegenteil von Aversion. Falls dich eine potenziell peinliche Möglichkeit abstößt oder du Angst davor hast, wird die Stimme des Herzens dich gewöhnlich dazu auffordern, dich ihr zu stellen. Machst du dir die Angststimme nicht bewusst, kann sie dein Leben bestimmen, denn schließlich bist du ihrem Rat ja schon lange gefolgt. Falls du also den Drang verspürst, vor etwas davonzulaufen, das nützlich, hilfreich oder (aufgrund von Angst) anregend sein könnte, versuch das Gegenteil zu tun.

Weitere Anzeichen, dass du gerade die Stimme deines Herzens hörst: Sie lässt dich bei dem, was du beschlossen hast, um dich oder dein Umfeld zu fördern, nicht vom Haken und ermutigt dich, den Sprung ins Ungewisse zu wagen, dranzubleiben und weiterhin Kraft in dich und in dein Lebensziel zu investieren.

Anzeichen dafür, dass das, was du hörst, *nicht* die Stimme deines Herzens ist, wären: Sie verleitet dich dazu aufzugeben, statt nach anderen Lösungen zu suchen; dazu, auf eine Weise zu handeln, die dir oder anderen schaden könnte; dazu, eine Abkürzung zu nehmen oder nach einem einfacheren Weg zu suchen, damit es dir nicht so ungemütlich wird; dazu, dich kleinzumachen, es allen recht machen zu wollen oder dich dafür zu entschuldigen, dass du du bist; dazu, um Erlaubnis zu bitten, bevor du deinem Herzen folgst, oder nach äußeren Zeichen Ausschau zu halten, bevor du deinem inneren Gefühl gemäß handelst.

Wie du die Stimme deines Herzens mit dem A/B-Test prüfen kannst

Fang mit der Stimme an, von der du vermutest, dass es die richtige ist.

Wenn sie dir vorschlägt, nach links zu gehen, während du gerade irgendwohin gehst, dann tu es, auch wenn es dich ein wenig vom Weg abbringt.

Wenn sie dir sagt, du sollst dir ein bestimmtes Buch aus dem Regal nehmen und es durchblättern, dann tu es, auch wenn dich der Inhalt des Buches vordergründig nicht interessiert.

Wenn sie dir sagt, du sollst anhalten, um an einer Blume zu riechen, dann halte an und riech an der Blume, selbst wenn du schon spät dran bist.

Wenn sie dir sagt, du sollst auf jemand Attraktives zugehen und um seine Telefonnummer bitten, dann zögere nicht. Falls du dich dabei unsicher fühlst, kannst du es gern auf diese Übung schieben.

Wenn du dann der Stimme gemäß handelst, die sich für dich nach der Stimme des Herzens anfühlt, achte darauf, wie es ausgeht. Bist du zur rechten Zeit am rechten Ort, ist das ein guter Hinweis darauf, dass du der richtigen Stimme Folge geleistet hast. Hier noch weitere Beobachtungen, die dich darin bestätigen, dass es tatsächlich die Stimme deines Herzens ist, die du da hörst:

Die Botschaft war lebensbejahend. Sie zu befolgen hat dir Kraft geschenkt.

Sie hat den Teil deines Status quo, über den du dich die ganze Zeit beschwert hast, aufgehoben. Wenn du zum Beispiel deine Arbeit nicht leiden konntest, hat dich die Stimme des Herzens aufgefordert, dich nach anderen Möglichkeiten umzusehen.

Sie hat dich dahin gebracht, nicht Opfer, sondern Held oder Heldin zu sein. Helden handeln, Opfer reagieren. Wenn du das Gefühl hast, mutig handeln zu sollen, hat dich definitiv die Stimme deines Herzens dazu aufgefordert.

Sie hat dich in die Lage versetzt zu dienen. Du hast dich nach ihr gerichtet und konntest anderen Menschen damit auf entscheidende und womöglich unerwartete Weise behilflich sein.

Versuche, mindestens einmal am Tag der Stimme deines Herzens entsprechend zu handeln, und tu dies so lange, bis du ihre Sprache fließend beherrschst. Je vertrauter sie dir wird, desto leichter wird es dir fallen, dich an sie zu halten. Und bald wirst du feststellen, dass diese Stimme, sosehr es dich auch beängstigen mag, ihr Folge zu leisten, immer nur dein Bestes im Sinn hat.

Schließlich wird die Stimme des Herzens so laut sein wie die eines lästigen lauten Mitbewohners, der dich darauf hinweist, dass du deine Hälfte der Stromrechnung noch nicht beglichen hast, und dich so lange nicht in Ruhe lässt, *bis* du dich darum gekümmert hast. Ob du es glaubst oder nicht, die Stimme deines Herzens kann und wird genauso lästig und laut werden und dich nicht in Ruhe lassen, bis du tust, was sie will.

Das ist genau die Lautstärke, in der du diese Stimme haben willst. Denn da die Wahrscheinlichkeit hoch ist, dass du keine Lust zu dem haben wirst, wozu sie dich drängt, weil es dich unweigerlich aus deiner Komfortzone herausholt, brauchst du angesichts ihrer Lautstärke nun keine weitere Motivation oder Inspiration mehr, um ihr Folge zu leisten. Die Stimme wird so lästig sein, dass dir gar nichts anderes übrig bleibt, als zu tun, was sie sagt. Vielleicht wirst du dich zu drücken versuchen, um dich schlagen und schreien, aber am Ende wirst du es tun, damit sie nur endlich still ist.

Und dann hast du auf Partys und irgendwo unterwegs plötzlich die erstaunlichsten Geschichten zu erzählen, die ungefähr so beginnen: »Ich war in der und der Lage, und dann sagte mir *etwas,* ich soll ..., und als ich das machte, könnt ihr euch nicht vorstellen, was als Nächstes passierte ...«

Beachte: Der Wunsch, von vornherein zu wissen, wie es ausgeht, kann uns davon abbringen, auf das zu hören, was die Stimme des Herzens sagt. In Wahrheit aber wissen wir nie, wie es ausgehen wird. Wir müssen den Sprung ins Tun wagen und darauf vertrauen, dass es sich zum Besten fügen wird. Landen wir dann an einem Ort, den wir nicht mögen, können wir jederzeit den nächsten Sprung wagen. Und so lange weiterspringen, wie es nötig ist, in der Erkenntnis, dass eine einwandfreie Botschaft unseres Herzens uns stets aus der Komfortzone herausholt und in die Wachstumszone versetzt. Je mehr wir als spirituelle Minimalisten und Minimalistinnen diesen inneren Anhaltspunkten folgen, desto weniger beängstigend wird es mit der Zeit, die Komfortzone zu verlassen.

Meditiere darüber

Wir haben immer jede Menge Ratschläge parat dafür, wie man am besten seine Ziele erreicht, aber nur wenige von uns wissen, wie man überhaupt feststellen kann, welches die besten Ziele sind. Das liegt daran, dass sich die Antwort nicht im Außen finden lässt. Als spiritueller Minimalist muss ich mich nach innen wenden. Ich muss mich – idealerweise durchs Meditieren – regelmäßig im Sein verankern. Ich muss mich mit meiner inneren Landschaft ebenso vertraut machen, wie ich es mit meiner äußeren Umgebung bin. Ich muss ihre Umrisse kennenlernen und mich auf ihre Reize, Frequenzen und Schwingungen einstimmen. Am wichtigsten aber ist: Wenn ich an einer Kreuzung stehe, darf ich nie versuchen, eine Antwort zu *finden*.

Hast du erst einmal eine oder zwei Wochen täglich ohne jede Ergebnisorientiertheit im Kopf meditiert, wirst du ruhig genug sein, um im tiefsten Innern zu spüren, welchen Weg dir die Stimme deines Herzens empfiehlt. Du musst wissen, dass außerdem das, was sich im Herzen richtig anfühlt, auch für die Menschen gut ist, die von dir abhängen. Mach dir daher keine Sorgen, ob deine Entscheidung für andere in Ordnung ist. Solange du in Übereinstimmung mit dem handelst, was du im Innern fühlst, wird es ihnen gut gehen.

Die richtige Antwort, die gerade am besten zu deiner Entwicklung passt, wird zur rechten Zeit in dein Blickfeld rücken. Dieser Vorgang lässt sich nicht beschleunigen, denn er läuft nach göttlichem Timing ab. Falls du also viel Zeit ins Meditieren steckst und die Stimme deines Herzens trotzdem noch nicht hörst, ist die Zeit einfach noch nicht reif für eine Antwort. Sobald sie sich allerdings herauskristallisiert hat, kannst du auch gleich loslegen.

Lass dich nicht von der Angst dazu bringen, an dir selbst zu zweifeln. Angst ist eine natürliche Reaktion auf das Verlassen der Komfortzone. Daher wird eine klare Botschaft des Herzens gewöhnlich mit einem Angstelement einhergehen. Dabei gibt es dann kein Zurück mehr. Die Suche nach einer zweiten Meinung ist überflüssig, ebenso der Termin mit einem Medium, um zu prüfen, ob das, was du gehört hast, auch stimmt. Außerdem hat es überhaupt keinen Sinn, andere zu fragen, was sie davon halten, denn die Antwort ergibt für niemanden außer für dein Herz einen Sinn.

Schiebe es daher nicht vor dir her. Handle sofort und mit absolutem Vertrauen darauf, dass du auf deinem Weg bist. Schließlich hast du auf der Suche nach der besten Antwort die Regeln befolgt und dich mithilfe der Meditation im Sein verankert. Sobald die Botschaft klar ist, geht es darum zu handeln.

Für mehr Bewusstsein

Solange es für dich noch ungewohnt ist, auf dein Herz zu hören, fällt es dir vielleicht manchmal nicht leicht, zwischen den lärmenden Stimmen im Kopf und der weisen Stimme des Herzens zu unterscheiden. Selbst unter den besten Voraussetzungen – wenn du ausgeruht, gesund und ruhig bist – kann es noch schwer sein, die richtige Stimme zu erkennen.

Noch mehr und vor allem schneller schwächst du die Verbindung zur Stimme des Herzens, wenn du dir Alkohol zu Gemüte führst, denn Alkohol erschwert es zusätzlich, sie zu hören. Wenn du die Stimme deines Herzens wirklich lauter stellen möchtest, rate ich dir, vorübergehend ganz auf Alkohol zu verzichten.

Das komplette Gegenteil zum spirituellen Minimalismus wäre der Zustand von Trunkenheit. Aber bitte versteh mich richtig: Spirituellen Minimalismus zu praktizieren heißt nicht, grundsätzlich gegen Alkohol zu sein. Es ist eine bewusstseinsfördernde Praxis, die auf mehr Bewusstsein ausgerichtet ist und Alkohol nicht grundlegend ablehnt. Es geht um die Bereitschaft, alles nur Erdenkliche zu tun, um die Verbindung zur Stimme des Herzens zu pflegen und zu schützen – und falls nötig, eben auch zeitweise auf Alkoholkonsum zu verzichten.

Falls eine innere Stimme dich davon zu überzeugen versucht, dass einige Monate ganz ohne Alkohol zu lang oder ein bisschen Wein hier und ein bisschen Gras dort schließlich nichts Weltbewegendes sind, oder einen anderen Grund vorbringt, warum es Quatsch ist, nüchtern zu bleiben, hast du den klaren Beweis, dass die lauteste Stimme in deinem Bewusstsein nicht die deines Herzens ist, denn sie würde nie versuchen, deine Verbindung zu ihm zu schwächen, und dir Drogenkonsum empfehlen.

Dann solltest du dir die Frage stellen, ob diese andere Stimme, die deinen Gebrauch von bewusstseinstrübenden Substanzen so stark verteidigt, dich noch in anderer Hinsicht dahingehend beeinflusst, etwas zu tun (oder zu lassen). Denn wenn sie dich so leicht veranlassen kann, dich von der Idee einer Alkoholabstinenz abzubringen, könnte sie dich womöglich auch daran hindern, in anderen Lebensbereichen Zugang zu deinem Potenzial zu bekommen.

Außerdem leben wir in einer Kultur, die den regelmäßigen Konsum von Alkohol so weitgehend zur Norm gemacht hat, dass die meisten Erwachsenen alkoholabhängig sind. Sie selbst würden sich nie als Alkoholiker bezeichnen: Sie trinken ja nur außerhalb der Arbeitszeit, würden sie zu ihrer Verteidigung sagen, oder an den Wochenenden. Es sind ja nur ein paar Drinks pro Woche. Sie könnten jederzeit damit aufhören.

Allerdings ist Alkohol in unserer Gesellschaft so verbreitet, dass es den meisten Menschen schwerfallen würde, darauf zu verzichten. Wir trinken bei besonderen Feiern, und wir trinken, wenn etwas Schlimmes passiert. Wir trinken um der Gemeinschaft willen, und wir trinken, weil wir uns einsam fühlen. Wir trinken, wenn wir entspannt sind, und wir trinken aus Nervosität. Mit anderen Worten: Es gibt immer einen gesellschaftlich akzeptierten Grund zum Trinken.

Konzentriere dich daher darauf, die Stimme deines Herzens lauter werden zu lassen. Ich empfehle dir wärmstens, mindestens drei Monate abstinent zu bleiben. Und wenn du nach den drei Monaten doch wieder trinken möchtest, hast

Falls dich die Vorstellung reizt, eine stärkere Verbindung zur Stimme deines Herzens aufzubauen, fang mit dem Verzicht auf Alkohol und Partydrogen an, und zwar so lange wie möglich und mit dem Ziel, dich auf drei Monate hochzuarbeiten. Falls du es nur eine Woche bis zum nächsten Drink schaffst, ist das vollkommen in Ordnung. Fang einfach wieder an und schau, ob du es nächstes Mal auf zwei Wochen bringst. Setze immer wieder neu ein und lass den Zeitraum immer länger werden, bis du es drei Monate am Stück schaffst. Lass dir so viel Zeit wie nötig. Nach einer Weile wirst du dein Herz so häufig sprechen hören, dass dies Motivation genug sein wird, immer länger abstinent zu bleiben. Das Ganze könnte ein Jahr dauern, es wird aber mit Sicherheit eine der einschneidendsten Veränderungen in deinem Leben mit sich bringen.

du dir zumindest die Chance gegeben, dich mehr vom Herzen leiten zu lassen. Vielleicht wird dir dabei auch klar, dass du das Leben auch ohne berauschende Substanzen genießen kannst und dass es dir eine tiefere Befriedigung schenkt, dankbar und präsent zu sein und einen klaren Zugang zur Stimme des Herzens zu haben, als Alkohol zu konsumieren.

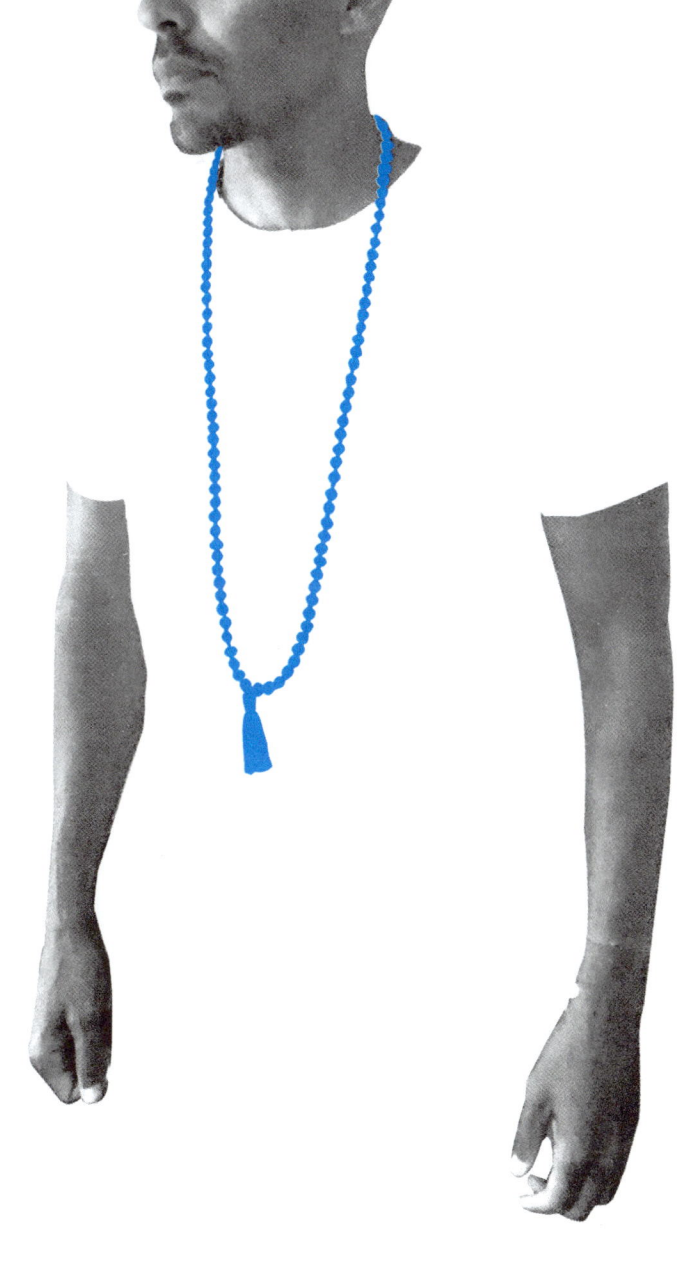

Als spiritueller Minimalist suche ich mir immer lebenserhaltende und lebensbejahende Tätigkeiten und Verhaltensweisen, die mir in verschiedenen Lebensaspekten vielfachen positiven Nutzen bringen: Tu weniger, um mehr zu erreichen. Wenn ein Verhalten offensichtliche negative Nebenwirkungen oder Nachteile hat, suche ich nach einer günstigeren Alternative, die das Bewusstsein fördert. Wenn der Wille da ist, sich besser mit dem eigenen Herzen zu verbinden, bemüht sich der spirituelle Minimalist darum, einen Weg zu finden.

Was ich immer bei mir habe: meine Hilfsmittel

Während du die Stimme deines Herzens noch per A/B-Test prüfst, bringt dein Herz dich womöglich dazu, alle möglichen seltsamen, kuriosen Dinge auf deiner spirituell-minimalistischen Reise zu tun, wie zum Beispiel ein Zitat aufzuschreiben, das dich anspricht, ein Foto von einem Baum zu machen, zu dem du eine besondere Verbundenheit verspürst, etwas anzuziehen, das Leute, denen du begegnest, zu Kommentaren verleitet, einen langen Umweg zu deinem Ziel zu nehmen oder ein Buch über ein Thema zu lesen, das außerhalb deines gewöhnlichen Interessensbereichs liegt.

Damit du deine vielen herzgesteuerten Impulse und Anstöße nutzen kannst, empfehle ich dir, folgende Hilfsmittel im Rucksack dabeizuhaben: einen guten Stift, etwas dir persönlich Unverzichtbares, ein Gerät zum Zählen deiner Schritte wie etwa eine Smartwatch oder ein Smartphone, ein Paar Kopfhörer, ein Tablet und eine Powerbank. Jeder dieser Gegenstände dient mehreren Zwecken. Hier ein paar Details, wie du aus wenig Gepäck das meiste herausholen kannst.

Ein guter Stift

Wie bei allem bisher Erwähnten ist das Mittel die Botschaft. Als spiritueller Minimalist möchte ich Orte besser hinterlassen, als ich sie anfangs vorgefunden habe. Manchmal bedeutet das, dass ich eine aufrichtige wertschätzende Notiz hinterlasse, die ich mit einem qualitativ guten Stift mit schön breitem Strich schreibe. Mithilfe von Kalligrafie-Videos auf YouTube lässt sich die Handschrift beträchtlich verbessern, was das Dankesschreiben nur umso besonderer macht. Zusätzlich kann ich den Stift zum Tagebuchschreiben, zum Unterschreiben von Quittungen, zum Notieren von Wegbeschreibungen oder für Notizen nutzen.

Mala

Seit ich 2007 angefangen habe, Meditation zu unterrichten, trage ich eine Mala mit 108 Perlen als universelles Kennzeichen dafür, dass ich etwas mache, was mit Spiritualität zu tun hat. Die Art der Perlen und wie man sie trägt zeigt, zu welcher spirituellen Tradition man gehört. Meine Mala ist eines der Accessoires, mit denen ich mein normales Outfit von T-Shirt und Chinohose beim Unterrichten bereichere. Eine Mala verleiht einem unversehens einen spirituelleren Look. Meine ist etwas ganz Besonderes für mich, weil ich sie in Mexico City selbst hergestellt habe. Aber du brauchst dir für deine Minigarderobe nicht unbedingt eine Mala zuzulegen. Vielleicht gibt es etwas anderes Dekoratives, das dich als Accessoire reizt: ein Armband, ein besonderer Hut, ein Anhänger, eine Anstecknadel, ein Halstuch. Was auch immer es ist, es sollte einfach und leicht zu tragen sein, elegant, aber nicht übertrieben, und deine Garderobe auf einzigartige Weise verschönern (vgl. meine Minigarderobe im Kapitel »PRINZIP 7«).

Eine Smartwatch

Über viele Jahre habe ich eine Rolex getragen. Sie war ein Geschenk meines Bruders, und ich mochte sie sehr. Aber als ich zum Nomaden wurde, war mir die Rolex nicht mehr praktisch genug. Also gab ich sie ihm zurück, bevor ich alle meine Sachen verkaufte, und ersetzte sie durch eine Smartwatch. Einer ihrer unerwarteten Vorteile bestand in der Möglichkeit, sie zum Zählen meiner Schritte zu nutzen. Und was man messen kann, lässt sich auch noch steigern. Also fing ich jetzt an nachzuverfolgen, wie viele Schritte ich täglich machte – früher hatte nie besonders darauf geachtet. Dann dachte ich, ich könnte die Zahl ja auch erhöhen, bis ich schließlich 10 000 pro Tag anstrebte. Wie du im Kapitel »PRINZIP 5« lesen kannst, bin ich als spiritueller Minimalist ein Flaneur (einer, der die Kunst des ziellosen Spazierengehens liebt). Jetzt brauchst du zwar nicht unbedingt zu messen, wie viele Schritte du täglich machst, oder sie mit einer Smartwatch nachzuverfolgen (auch die meisten Smartphones haben Schrittzähler-Apps), aber es könnte ja Spaß machen, die Schrittzahl von heute mit der von gestern zu vergleichen. Und außerdem kann die entsprechende Smartwatch dem zusätzlichen Nutzen dienen, deine einfache Garderobe ein bisschen aufzuwerten.

Ein Smartphone

Natürlich braucht man ein Telefon, um Anrufe tätigen zu können, aber zugleich kann man es, spirituell-minimalistisch betrachtet, auch nutzen, um Hörbücher und Podcasts zu hören und E-Books zu lesen. Die meisten Leute haben ein Smartphone, ich will aber eines, das es mir auch ermöglicht, Fotos zu machen und Videos aufzunehmen. Eine verlässliche Kamera muss eingebaut sein, denn als spiritueller Minimalist bin ich Dokumentarfilmer, Journalist und Content Creator zugleich. Ich brauche ein Phone, um meine Reise zu dokumentieren, denn die Kamera hat heute das herkömmliche Tagebuch ersetzt. Außerdem mache ich, wenn mir jemand seine Visitenkarte oder einen wichtigen Beleg überreicht, immer gleich ein Foto, statt mir beides ins Portemonnaie zu stecken.

Kopfhörer

Besorg dir ein Paar Kopfhörer, die du mehrzweckmäßig einsetzen kannst: um Hörbücher und Podcasts zu hören und natürlich auch, um privat zu telefonieren. Niemand mag die Leute, die andere nerven, weil sie mit Freisprecher in der Öffentlichkeit telefonieren. Das ist kein spirituell-minimalistisches Verhalten, also lass es sein, wenn andere Leute in der Nähe sind – jedenfalls, wenn du dort willkommen sein möchtest. Außerdem setze ich beispielsweise häufig die Kopfhörer auf, wenn ich gerade nicht angesprochen werden will. Manchmal behalte ich sie auch im Ohr, wenn ich irgendwo herumlaufe. Und nehme sie nur heraus, wenn ich in Kontakt mit jemandem treten möchte, den ich kenne. Bin ich aber (aus welchem Grund auch immer) nicht in der richtigen Stimmung, dann gebe ich kurzerhand Zeichen, dass ich beschäftigt bin, und gehe weiter. Auf diese Weise kann ich ganz einfach meinen Raum schützen, während ich meinem Gegenüber ermögliche, sein Gesicht zu wahren.

Ein Tablet

Mein Laptop habe ich schon vor einigen Jahren abgeschafft. Inzwischen verwende ich ein Tablet mit schwebender Bildschirmtastatur. Tatsächlich habe ich dieses und auch schon das letzte Buch auf meinem Tablet geschrieben. Auf ihm aktualisiere ich meine verschiedenen Websites, bearbeite meine Videos und mache so ziemlich alles damit, was ich brauche. Falls du dein Laptop nur zum Surfen im Internet, Verschicken von E-Mails und für ein bisschen Foto- und Videobearbeitung nutzt, solltest du dir überlegen, ob du es nicht durch ein Tablet ersetzen willst, um deine Gepäcklast zu reduzieren. Tablets haben inzwischen auch Tastaturen in Laptop-Qualität. Und wenn du den Touchscreen des Tablets hinzunimmst, ist es viel nützlicher, als wenn du ein Laptop mit dir herumschleppst, bloß weil du meinst, du brauchtest es.

Eine Powerbank

Als spiritueller Minimalist bin ich auf Reisen auf alles vorbereitet, auch darauf, keine funktionierende Steckdose zum Aufladen meiner Geräte zur Verfügung zu haben. Viele Handgepäcktaschen sind heute mit sperrigen Ladestationen ausgestattet. Ich empfehle eher eine Powerbank. Sie ist viel kleiner und mobiler, und sie ist leicht ersetzbar, ohne dass man sich gleich eine neue Tasche kaufen muss.

PRINZIP 3:
Es gibt keine unwichtigen Momente

»Alle, auf die du triffst, halten ein göttliches Geschenk für dich bereit. Dein Job ist es herauszufinden, woraus es besteht.«
Der spirituelle Minimalist

Zufallsbegegnungen

»Das ist der beste Yogakurs, den ich kenne. Du musst unbedingt mitkommen«, verkündete meine Freundin April begeistert. Es war das Jahr 1998, lange bevor alle Welt anfing, Yoga zu unterrichten. Wir lebten in New York, ich in der Upper West Side, sie in der Upper East Side von Manhattan. Zwischen uns lag der Central Park. Und dieser großartige Kurs fand wochentags zur schlimmsten Rushhour statt.

Ich praktizierte regelmäßig Yoga, aber der Gedanke, für diesen Kurs quer durch den Park zur Upper East Side zu müssen, fühlte sich wie absolute Zeitverschwendung an.

Erstens schätzte ich meine eigenen Lehrer. Zweitens würde mich der Weg vom Westen in den Osten dreimal so

viel Zeit kosten wie in die andere Richtung. Also blieb ich standhaft, schob es auf und fand immer wieder neue Ausreden. Aber sie ließ nicht locker, bis ich eines Tages schließlich nachgab und ihr sagte, ich würde zu ihrem (bescheuerten) Kurs kommen.

Als ich mit fünf Minuten Verspätung ankam, brannte kein Licht, und der Raum war voll, bis auf eine freie Yogamatte inmitten eines Meers von tief atmenden, nur als Silhouetten erkennbaren Yogis. Ich schlängelte mich zu meiner Matte durch und nahm die Position des herabschauenden Hundes ein. Ich spürte etwas Vertrautes, bekam es aber nicht zu fassen.

Während sich meine Augen an die Dunkelheit gewöhnten, gab der Lehrer die Anweisung, den Atem mit dem der anderen zu synchronisieren. Er sprach mit Akzent, vielleicht kam er aus Australien oder England.

»Atme ein und aus, eins«, gab er langsam vor.

Er sprach langsam und hypnotisch und lispelte leicht.

»Atme ein und aus, zwei.«

… aber meine Schultern wurden langsam müde.

»Atme ein und aus, drei.«

Ich spürte, wie sich auf meiner Stirn Schweißperlen bildeten.

»Atme ein und aus, vier.«

Ich konnte die Ellbogen kaum noch durchgestreckt halten. *Das muss jetzt bald aufhören,* dachte ich.

»Atme ein und aus, fünf.«

Okay, das war's. Gleich knicke ich in den Armen ein.

»Und jetzt beuge die Knie und mach einen Schritt vorwärts oder springe nach vorn«, gab er vor.

Ah, erlöst.

So ging es bis zum Ende der Stunde weiter: Häufiger, als ich zählen konnte, kam ich an meine körperlichen und mentalen Grenzen, nur um gleich darauf wieder erlöst zu werden. Und die ganze Zeit dachte ich: »Das *ist* ein verdammt guter Kurs.« Jetzt verstand ich, warum April so sehr gewollt hatte, dass ich kam. Hinterher bedankte ich mich bei dem Lehrer, der Will hieß, und ging nie wieder hin – einfach, weil Zeit und Ort für mich so schlecht passten.

Vier Jahre später drängte mich mein Herz, von New York nach Los Angeles zu ziehen, um dort womöglich eine Karriere als Yogalehrer zu starten. Ich war neunundzwanzig, als ich mit dem Plan in West Hollywood, Kalifornien, ankam, eine Yogalehrerausbildung zu machen und dann weiterzusehen. Aber als Erstes wollte ich meine neue Umgebung erkunden. Also ging ich zum Crunch-Fitnessstudio am Ende der Straße und bat um eine Freikarte, um dort einige Yogakurse auszuprobieren und ein Gefühl für den Yogastil der Westküste zu bekommen. Sie gewährten mir fröhlich eine ganze Woche umsonst und gaben mir ihren Kursplan, dem ich entnahm, dass am nächsten Morgen um zehn ein Kurs unter der Leitung eines gewissen Will (kein Nachname) stattfinden würde.

Etwas in mir fragte sich, ob es derselbe Will sein konnte wie der in New York, aber wie groß war diese Wahrscheinlichkeit? Äußerst gering. Am nächsten Morgen stand ich wieder im herabschauenden Hund und hörte den mir schon vertrauten Akzent. *Oh Gott, das ist tatsächlich derselbe Will!* Das Problem war, dass ich sein Gesicht in New York nicht gesehen hatte, weil es so dunkel in dem Raum gewesen war – aber zugleich war ich mir so gut wie sicher, dass es sich um ihn handelte.

Nach dem Kurs ging ich zu ihm, um mich zu bedanken, und sagte: »Ich glaube, wir sind uns schon mal begegnet. Ich war vor ein paar Jahren mal bei dir im Kurs in New York.« Er unterbrach mich: »Ja, ich erinnere mich an dich. Du bist Aprils Freund.«

»Ex-Freund«, korrigierte ich ihn. Was für ein gutes Gedächtnis.

»Ich erinnere mich an dich«, sagte er, »weil ich mich ein bisschen in April verliebt hatte und enttäuscht war, als ich erfuhr, dass sie einen Freund hatte.« Wir lachten.

Will war nur wenige Monate vor mir nach Los Angeles gezogen. Dass wir beide uns erst kurz davor von unserer jeweiligen Freundin getrennt hatten – und dass uns dies ironischerweise beide dazu gebracht hatte, New York zu verlassen und uns in Los Angeles niederzulassen –, war ein Zufall, der uns verband.

Ab da verbrachten Will und ich viel Zeit miteinander. Wir hatten so viele gemeinsame Interessen: Yoga, Meditation, wir frequentierten beide das gleiche nicht konfessionell gebundene spirituelle Zentrum, machten gern täglich Yoga und aßen beide meist außer Haus. Er wurde mein Yogamentor. Er brachte mich zum Joggen. Wir trafen uns regelmäßig zum Mittagessen. Und er wurde mein Meditationsfreund. Bevor wir essen oder ins Kino gingen oder uns zu einer Wanderung trafen, stellte er mir jedes Mal dieselbe von mir schon gefürchtete Frage, die aus vier Wörtern bestand: »Hast du schon meditiert?« Und jedes Mal sagte ich ihm die Wahrheit – hatte ich nicht.

Ich fürchtete diese Frage, weil ich das Meditieren damals so unglaublich schwierig und entsetzlich langweilig fand. Ich hatte keine formale Einweisung erhalten und improvisierte einfach immer. Will dagegen schien es richtig ernst zu meinen mit der Meditation. Und tief im Innern wusste ich, dass auch mir regelmäßiges Meditieren guttun würde. Also ließ ich mich widerstrebend darauf ein, mit geschlossenen Augen neben ihm zu sitzen und im Wesentlichen qualvoll darauf zu warten, dass er endlich fertig war.

Ein paar Monate darauf erwähnte Will, sein Meditationslehrer komme aus Arizona zu Besuch, um einigen seiner Yogaschüler eine Einweisung zu geben, und lud mich dazu ein. Ich sagte sofort Ja. Ich hatte nicht einmal gewusst, dass Will einen Meditationslehrer hatte. Das erklärte, warum er so gern meditierte. Ich war neugierig, diese Person kennenzulernen, die ihm diese Begeisterung fürs Meditieren nahegebracht hatte.

Eines Abends im Februar 2003 war es dann so weit. Es war ein Sonntag. Ich saß im Schneidersitz auf dem Boden in Wills Wohnung, während es sich die letzten Ankömmlinge noch bequem machten. Dann forderte Will uns auf, die Augen zu schließen. Eine oder zwei Minuten darauf hörte ich, wie uns eine tiefe Stimme aufforderte, die Augen zu öffnen. Da saß vorn im Raum Wills Meditationslehrer: ein kleiner, glatt rasierter Mann mit ansetzender Glatze, in einer Kakihose und einem Button-down-Hemd. Von einem Meditationsguru hatte ich ein anderes Aussehen erwartet. Wo war die Meditationsrobe? Wo die Mala? Die langen Haare, der Akzent? Außerdem hatte ich ihn nicht den Raum betreten gehört – was sehr seltsam war, denn Wills Dielen knarrten extrem. Es war, als wäre er aus dem Hinterzimmer herübergeschwebt.

Der Lehrer redete über Quantenphysik, über die Natur des Geistes und darüber, wie wir die Meditationspraxis im-

mer wieder falsch verstehen: Sie sei ursprünglich nicht für Mönche gedacht gewesen, erklärte er, sondern für »Laien«, wie er sie nannte. Aber als Indien vor langer Zeit von Invasoren angegriffen worden sei, seien die Mönche das »Speichermedium« geworden, sie hätten die Tradition dann bewahrt. Und seitdem stehe ihr strenger Lebensstil synonym für die Praxis der Meditation.

Ich mochte ihn sofort, und die Stimme meines Herzens sagte mir, dass er genau der richtige Lehrer für mich war.

Auf meinem Heimweg an jenem Abend wusste ich plötzlich, dass ich selbst dazu bestimmt war, Meditationslehrer zu werden, eine Offenbarung, die ich vor dieser Begegnung nie für möglich gehalten hätte. Das Problem war nur, dass es keinen klaren Weg dorthin gab. Mein Lehrer verwies immer wieder auf seinen indischen Lehrer, aber ich hatte nicht vor, nach Indien zu gehen. Also stellte ich mein Ziel in den Hintergrund und meditierte jetzt dafür mit viel mehr Freude. Inzwischen verstand ich, warum Will immer meditieren wollte. Es war fantastisch, wenn man erst einmal wusste, was man tat (für eine Grundanleitung zur Meditation siehe »Meditieren leicht gemacht« im Kapitel »PRINZIP 1«). Und ich wachte jetzt morgens schon in der Vorfreude auf, mich für meine Morgenpraxis aufs Sofa zu setzen.

So lief es ungefähr vier Jahre, bis sich mir die Gelegenheit bot, auf die ich gewartet hatte: »Hast du Lust, mit mir nach Indien zu fliegen und zu lernen, wie man Meditation unterrichtet?«, fragte mich mein Lehrer.

Es war nicht der ideale Zeitpunkt für mich. Zusätzlich zu meinem Yogaunterricht war ich gerade erst ins Immobiliengeschäft in Los Angeles eingestiegen und verwaltete drei Immobilien. Aber ich beschloss, dass ich potenziell beides machen konnte, und ergriff daher die Chance, meinen Lehrer und einige weitere Schützlinge von ihm nach Indien zu begleiten. Ich hatte keine Ahnung, dass ein Jahr darauf, direkt nach meiner Ausbildung, die Immobilienblase platzen und ich meinen Besitz verlieren würde, sodass ich um ein Haar hätte Konkurs anmelden müssen.

Doch obwohl ich alle Kreditwürdigkeit verloren hatte, ging am Ende alles gut aus. Mein Vorstoß in die Immobilienbranche trug, wie sich herausstellte, entscheidend dazu bei, dass ich meine Ausbildung zum Meditationslehrer bezahlen konnte. Kurz gesagt: Kaum hatte ich die anzahlungsfreien Darlehen für meine Immobilien gesichert, erhielt ich eine ganze Serie von Angeboten für Barvorschüsse per Post. Die Studiengebühren für meine Meditationslehrerausbildung in Höhe von 14 000 Dollar mussten vollständig bezahlt sein, damit ich teilnehmen konnte. Ich wusste nicht, was ich tun sollte, denn mit meinen mageren Einnahmen als Yogalehrer hatte ich nicht so viel Geld zur Verfügung. Aber ich plante weiterhin, an der Ausbildung teilzunehmen, und vertraute darauf, dass sich eine Lösung finden würde. Und tatsächlich erhielt ich wenige Tage vor Ablauf der Zahlungsfrist per Post ein Angebot für einen Barvorschuss in genau der Höhe von 14 000 Dollar.

Das Angebot besagte, ich hätte achtzehn Monate Zeit, den Kredit zinslos zurückzuzahlen. Mir war klar, dass er für meine Studiengebühren bestimmt war. Einige Monate nach Abschluss meiner Ausbildung begann ich Meditation zu unterrichten und konnte den Kredit abbezahlen. Im Rückblick habe ich es meiner Immobilienpleite zu verdanken, dass sie mich finanziell in die Lage versetzte, der Stimme meines Herzens zu folgen und den nächsten Schritt zu wagen.

Aber gehen wir ruhig noch einen Schritt weiter. Dass *du* dieses Buch liest, ist das Ergebnis davon, dass ich Meditationslehrer wurde, weil ich zufällig dem früheren Yogalehrer meiner Ex-Freundin begegnet bin, den ich nur ein einziges Mal in New York erlebt hatte, in einem Kurs, zu dem ich nicht einmal hatte gehen wollen. Und kurz nachdem ich mich von besagter Freundin getrennt hatte und deswegen nach Los Angeles gezogen war, traf ich zufällig ebendiesen Yogalehrer wieder, der im Fitnessstudio in meiner Umgebung unterrichtete, ohne dass ich dort Mitglied war.

Dann wurden wir Freunde, und ein paar Monate später lud er mich zu einem Treffen mit seinem früheren Meditationslehrer und meinem künftigen Guru in seine Wohnung ein – mit einem Mann, der nach mehr als dreißig Jahren Meditationsunterricht in den Ruhestand gegangen war und sich entschieden hatte, nur noch ein einziges Mal Wills Schüler, von denen einer ich war, zu unterrichten. Schnitt. Und vier Jahre später (2007) stand ich am Rande eines Bankrotts und hatte sozusagen mein letztes Hemd an die Immobilienbranche verloren. Und doch flog ich (dank ebendieser Erfahrung) nach Indien, um eine Ausbildung bei ebendem Meditationslehrer zu erhalten, den ich in der Wohnung des Yogalehrers meiner Ex kennengelernt hatte.

Die Geschichte hatte noch einige weitere Wendungen, aber der Punkt ist folgender: Es gibt keinen linearen Weg zu unserem Ziel. Alles, was wir im Leben erfahren, spielt irgendwann eine Rolle. Wenn wir den Mut aufbringen, immer wieder Ja zur Stimme unseres Herzens zu sagen, werden wir in hundert von hundert Fällen genau zur rechten Zeit genau am rechten Ort landen, auch wenn es sich gerade nicht so anfühlt und oberflächlich anders aussehen mag. Spiritueller Minimalist zu sein bedeutet, dass ich im Zweifelsfall zugunsten des Lebens entscheide und darauf vertraue, dass es keine unwichtigen Momente gibt.

Was gut daran ist

Wenn du etwas über die Geschichte deines Lebens schreibst, werden sich die Leser nicht so sehr dafür interessieren, wie viel Wohlstand oder Einfluss dir zugeflossen ist, als vielmehr dafür, welche schweren Zeiten und Tiefpunkte es in deinem Leben gab. Sie werden etwas über deine Zusammenbrüche, Panikattacken, die dunkle Nacht der Seele lesen wollen und über die Zeit, in der du im Auto hast schlafen müssen.

Sie werden wissen wollen, welchen Widrigkeiten du dich stellen musstest. Was du immer wieder erzählen wirst, sind die Geschichten über deine schwersten und dunkelsten Momente und über die Sprünge ins Ungewisse, die du wagen musstest, um den nächsten Tag zu überleben. Genau diese Geschichten werden dich überleben, mit der Zeit immer weiter ausgeschmückt werden und kommende Generationen inspirieren.

Der Mut, mit dem du gerade jetzt deine letzten Kräfte mobilisierst, um deine Träume verwirklichen zu können, wird jemanden, der deine Geschichte in Hunderten von Jahren zu Gehör bekommen wird, schließlich dazu motivieren, weiterzumachen und nicht die Hoffnung zu verlieren. *Wenn du es geschafft hast,* wird er denken, *weiß ich, dass ich es auch kann.*

Manchmal ist es nicht leicht zu erkennen, aber die Kämpfe von heute sind keine Hindernisse für deinen Erfolg, dein Glück oder Lebensziel. Sie sind die Grundlage für deine jetzige und künftige Entwicklung. Und in naher oder fernerer Zukunft werden sie als »das, was gut ist« an deiner Geschichte bezeichnet werden.

Eine der Eigenschaften meines Yogalehrerfreundes Will, die ich noch nicht erwähnt habe, ist, dass er immer dankbar war. Er war der bei Weitem dankbarste Mensch, den ich kannte. Wenn ich ihn bei sich zu Hause besuchte, begrüßte er mich oft mit den Worten: »Na los, erzähl, wofür du dankbar bist, Bruder.« Und dann zählten wir abwechselnd alles auf, wofür wir in dem Augenblick dankbar waren: unsere Gesundheit, das wunderbare Wetter in Los Angeles, die guten, nährstoffreichen Lebensmittel zum Essen, das Leben in wunderbaren Räumen, lauter einfache Dinge.

Von Will lernte ich, die so leicht zu übersehenden Zwischenmomente wertzuschätzen. Und entdeckte dabei, dass sich, wenn wir uns die Zeit nehmen, die kleinen Dinge zu beachten und wertzuschätzen, jeder Tag auf der Erde wie ein eigenes kleines Wunder anfühlen kann und jeder Moment ein Geschenk für uns enthält. Vielleicht einen Anblick, einen Geruch oder einen Dienst. Mit anderen Worten: Ein Gespräch ist nie nur ein Gespräch. Es ist eine Chance, sich mit jemandem zu verbinden und aus der Erfahrung des Gegenübers etwas Wertvolles zu lernen. Oder eine Chance, Hilfe anzubieten.

Im Jahr 2020 lebte Will in Bali. Er erkrankte an Denguefieber und hatte darauf eine heftige Reaktion mit psychotischen Schüben und Paranoia, was ihn immer depressiver machte und schließlich dazu führte, dass er sich das Leben nahm. Wegen der Coronapandemie konnte ich nicht ins Land reisen, um ihm zu helfen. Doch wenn ich an alle unsere Begegnungen in den zwanzig Jahren unserer Freundschaft denke, erinnere ich mich besonders gern an die kleinen Dinge. Noch heute nehme ich mir, egal mit wem ich gerade zusammen bin, einen Augenblick Zeit zum Nachspüren, wofür ich dankbar bin. Tatsächlich hat mich vor allem Will dazu inspiriert, Nomade zu werden. Er hatte sich ein Jahr vor mir dazu entschlossen, nachdem er sich mit dem Besitzer der Wohnung verkracht hatte, in der ich das Meditieren gelernt hatte.

Wenn ich sage, dass es keine unwichtigen Momente gibt, heißt das nicht, es würde nie etwas Schlimmes passieren. Durch Will habe ich gelernt, dass zwar oft Schlimmes passiert, aber auch immer etwas Gutes daraus hervorgeht. Und dass es immer etwas gibt, wofür wir dankbar sein können, wenn wir uns nur darauf einstimmen, es auch zu bemerken. In spirituell-minimalistischem Sinne widmest du genau dem, wofür du dankbar bist, die meiste Aufmerksamkeit und nicht den schlimmen Dingen.

Handeln: im Augenblick ankommen

Die Fähigkeit, vor allem dann aufrichtig dankbar zu sein, wenn das Leben gerade hart ist, wird für mich als spirituellen Minimalisten zu einem meiner wertvollsten Reichtümer. Mit etwas Praxis wirst du in der Lage sein, dich im gegenwärtigen Augenblick zu verankern, indem du deine Aufmerksamkeit bewusst auf die Geschenke oder den Segen lenkst, die dich gerade umgeben.

So kultivierst du eine dankbare Grundhaltung

Richte morgens im Bett in den ersten fünf Minuten nach dem Aufwachen deine Aufmerksamkeit auf fünf Dinge, für die du dankbar bist. Das ist alles. Du brauchst nichts aufzuschreiben (es sei denn, du möchtest es gern). Frage dich einfach nur: Was ist an diesem Augenblick gut? Es können so einfache Antworten kommen wie:

1. Ich bin dankbar, dass ich aufgewacht bin.
2. Ich bin dankbar dafür, ausgeruht zu sein.
3. Ich bin dankbar für meine Arbeit.
4. Ich bin dankbar für meine Kraft.
5. Ich bin dankbar für meine Familie.

Diese Übung wiederholst du den Tag über immer wieder, vor allem dann, wenn du dich durch etwas oder jemanden irritiert fühlst. Zähle weitere fünf einfache Dinge auf, für die du dankbar bist. Betrachte jedes einzeln vor deinem inneren Auge, bevor du dich dem nächsten zuwendest. Du wirst unmittelbar einen Energieanstieg feststellen, präsenter sein und den gegenwärtigen Augenblick mehr wertzuschätzen lernen.

Damit hast du einen inneren Raum gewonnen, der es dir erleichtert, Inspiration, Verbindung, kreative Lösungen und sogar *noch mehr* Dankbarkeit zu finden für alles, was du erlebst, denn du weißt, dass er dich kontinuierlich zu neuen Wachstumschancen führt.

Ich als spiritueller Minimalist strebe einen möglichst dauerhaften Zustand der Dankbarkeit an. Man könnte sogar so weit gehen zu sagen, dass spiritueller Minimalismus ein Synonym für Dankbarkeit ist, denn ich bin nur so weit spiritueller Minimalist, wie ich in jedem gegebenen Augenblick Dankbarkeit verspüren kann. Aus diesem Grund gibt es so etwas wie undankbare spirituelle Minimalisten nicht.

Die Prämisse von Segen und Fluch

Hast du dich schon mal gefragt, ob das, was du gerade erlebst, ein Segen oder ein Fluch ist? Betrachtest du die Situation nur oberflächlich nach Ursache und Wirkung, kann das schwer zu bestimmen sein.

Stell es dir so vor: Damit etwas wirklich ein Fluch sein kann, müsste es dich für immer in eine negative Lage, zum Beispiel in die ewige Hölle, versetzen. Mit anderen Worten: Wenn eine ewige Hölle existiert, gibt es kein Zurück mehr.

Falls du aber nicht an die ewige Hölle glaubst, heißt dies, dass alles, was du erfährst – auch das sogenannte Schlimme –, irgendwie ein (wenn auch manchmal versteckter) Segen sein muss, denn es kann zumindest zu einer Erweiterung deines Bewusstseins oder zu einem Wachstum deiner Seele führen.

Nehmen wir an, du bist kürzlich gefeuert worden. Jetzt wäre das Gefeuertwerden die oberflächliche Interpretation des Geschehens, die auf der Tatsache beruhen würde, dass du deine Arbeit verloren hast. Zugleich hast du aber eine göttliche Chance bekommen, dich neu zu orientieren, zu lernen und dich an Ungewohntes zu gewöhnen. Und mit diesem Maß an Freiheit kannst du jetzt vielleicht den Sprung in Richtung deiner Leidenschaft wagen – in etwas hinein, das du nie ernsthaft in Erwägung gezogen hättest, solange du dich in der bequemeren, aber nicht inspirierenden Arbeitssituation befandest.

Vielleicht bist du verlassen worden? Oder du konntest es als Befreiung von einer Beziehung sehen, die entweder deinen »Seelen«-Zielen nicht mehr dienlich war oder in der du den Seelenzielen deines Partners oder deiner Partnerin nicht mehr förderlich warst.

Du hast eine enge Freundin oder einen Verwandten verloren? So schrecklich sich das anfühlen mag, besteht doch die Möglichkeit, dass ihre Seele mit deiner Seele einen Vertrag abgeschlossen hatte, damit du durch den Tod etwas über Verlust und Liebe lernst (also wieder Seelenziele). Und wahrscheinlich hast du ihnen in einem vergangenen Leben auf dieselbe Art geholfen.

Du magst den Politiker oder die Politikerin nicht, der oder die kürzlich gewählt worden ist? Diese Leute bilden den Katalysator, damit du dich besser informierst, dich mehr einbringst und die Veränderungen selbst bewirkst, die du in deinem Umfeld sehen möchtest.

Wenn also das nächste Mal etwas »Schlimmes« passiert und du dich fragst, ob es ein Fluch oder ein Segen war, kannst du dich jedes Mal auf spirituell-minimalistische Weise entscheiden, es als Segen zu betrachten, und von dort aus nach Beweisen dafür suchen.

Es geht gar nicht darum, dir deine Trauerzeit zu nehmen. Aber versuch dich daran zu erinnern, dass eine immense Kraft darin liegt, wenn du dich damit versöhnst, dass dir da ein Segen zuteilwurde, und aus diesem tieferen Sinn heraus handelst.

Jetzt bist du dran: Wähle eine aktuelle Situation aus deinem Leben und definiere sie neu, indem du dir vorstellst, dass sie dir nicht einfach nur zugestoßen, sondern *für* dich geschehen ist und dir vielleicht hilft, jemand anderem zu helfen oder dich deinem Ziel näher zu bringen.

Was ich immer bei mir habe: Wasser

Die meisten Menschen haben das Gefühl, sie sollten mehr Wasser trinken. Und wir alle wissen, dass Plastikwasserflaschen die Umwelt belasten. Daher könntest du deiner spirituell-minimalistischen Ausrüstung eine wiederverwendbare Wasserflasche hinzufügen.

Falls du noch nie eine genutzt hast, denkst du vielleicht: »Ein paar Plastikflaschen hier und da werden der Umwelt doch nicht weiter wehtun.« Was aber, wenn Millionen oder Milliarden von Leuten so denken? Als Nächstes weißt du, dass man mit den in den USA jährlich verwendeten Plastikwasserflaschen, Kopf an Kopf gelegt, die Erde 150-mal umrunden könnte. Das ist die aktuelle Lage. Und jede braucht etwa 500 Jahre, bis sie sich zersetzt hat. Daher ist eine wiederverwendbare Wasserflasche die beste Lösung, wenn man genug Wasser trinken will.

Bei relativ gesunden Menschen, die keinerlei harntreibende Mittel zu sich nehmen, liegt der empfohlene Was-

ow, this is going to sound unbelievable
sample from my short life of ju
the world is:
I'm sitting in Ph One, and this tal
ovial black man is in there speak
t English and he starts to look a
"s your name?" he asked me curious
you before, somewhere." I told h
and he interrupted, "You're from
me. I saw you in Elite's book
." Apparently, Earnest moved to
s ago, he is a photographer, that test
usively with Ph One, and he met
, over the summer in Chicago, ve
ly refused his services. He imm
asking me about my Paris agen
ing me advice. It was great. Ther
he heard of a casting he wanted m
left and went next door to Absolu
cy and came back with Christia
for Absolut. Christian told
d send me on the casting, and left
ing Earnest got impatient and
me to Absolut to get the booking

serverbrauch bei etwa sechs Gläsern täglich. Und diese sechs Gläser Wasser können, wie die Mehrheit der Gegenstände in meiner Tasche, verschiedenen Funktionen dienen.

Als natürliche Feuchtigkeitscreme
Der Mensch besteht zu 75 Prozent aus Wasser. Wenn wir nicht genug trinken, sind wir dehydriert und ausgetrocknet, während ausreichendes Wassertrinken auch die Haut gesünder aussehen lässt.

Als Mundspülungsersatz
Wusstest du, dass eine konventionelle Mundspülung schlecht ist für dein Mikrobiom und dass es ebenso effektiv ist, den Mund nach dem Zähneputzen mit etwas Wasser zu spülen?

Als Weißmacher für die Zähne
Wenn du Kaffee, Tee oder Wein trinkst, spüle den Mund hinterher mit etwas frischem Wasser, damit die Zähne weiterhin weiß bleiben.

Als natürliches Aspirin
Wenn du Kopfschmerzen bekommst, trinke vorsichtshalber ein bis zwei Gläser Wasser. Damit versicherst du dich, dass du nicht einfach nur dehydriert bist.

Als Überbrückung bis zur nächsten Mahlzeit

Wenn du richtig Hunger hast, aber noch eine Weile ohne Essen auskommen musst, trink ein Glas Wasser, und schon wirst du noch ein bisschen länger durchhalten, ohne schlechte Laune zu bekommen. Und wenn du dann schließlich etwas zu essen hast, hilft dir Wasser gegen Verstopfung.

Mir genügt erfahrungsgemäß eine 700-ml-Flasche, um meinen täglichen Wasserbedarf zu decken. Sie ist immer noch klein genug, um in einen normalen Getränkehalter zu passen – und sechs Gläser entsprechen zwei Flaschen Wasser dieser Größe.

Willst du es ganz systematisch angehen, kannst du die erste Flasche in der ersten Tageshälfte trinken und die zweite Füllung in der zweiten Tageshälfte. Falls du dir nicht sicher bist, wie viel Wasser du tatsächlich benötigst, frag deinen Arzt. Allerdings wird dir jeder Arzt sagen, dass du lieber mehr Wasser trinken solltest als süße, alkoholische oder abgepackte Getränke wie Kombucha oder Eiskaffee.

PRINZIP 4:
Gib, was du gern selbst hättest

»Wir schaffen keine Fülle.
Die Fülle ist bereits da. Wir schaffen nur den
Zugang dazu oder verhindern ihn.«
Der spirituelle Minimalist

Kein kostenloses Mittagessen

Hast du dich schon mal gefragt, warum kostenlose Snacks an der Bar wie Nüsse, Brezeln, Oliven und Popcorn gewöhnlich salzig sind? Tatsächlich ist der Trend, den Kunden salzige Snacks anzubieten, nicht gerade der altruistischen Ader der Barbesitzer zu verdanken. Im späten 19. Jahrhundert kamen Saloon-Besitzer mit wenig Kundschaft in Amerika auf eine schlaue Idee, um potenzielle Kunden dazu zu verleiten, hereinzukommen und mindestens ein Bier zu konsumieren: Sie warben mit einem »kostenlosen« Mittagessen, das vor allem aus salzigen Nüssen, Salzstangen, Oliven und Popcorn bestand, die allesamt den Durst anregten.

Dahinter stand der Gedanke, dass der hungrige Kunde,

sobald er erst einmal ein paar Handvoll salzige Nüsse und Salzstangen umsonst heruntergeschlungen hatte, so durstig sein würde, dass er sich ein kaltes Bier bestellen müsste, um sich die Kehle wieder zu befeuchten. Und während er dann weiter Nüsse mampfte, würde es hoffentlich nicht bei dem einen Bier bleiben.

Was der Kunde nicht wusste, war, dass er hier einen Aufschlag auf dasselbe Bier bezahlte, das er im Nachbar-Saloon für weniger Geld bekommen hätte. Aber schließlich bot der andere Saloon ja keine »Mahlzeit« umsonst an.

Der Trick funktionierte wie ein Zauber – bis die Kunden ihn durchschauten und es sich herumsprach, dass es sich bei dem kostenlosen Mittagessen in Wahrheit um Lockvogeltaktik handelte. Damit war eine Binsenweisheit geboren, die in Amerika über Generationen hinweg weitergegeben wurde: Ein *kostenloses* Mittagessen gibt es nicht. (Die deutsche Redewendung, die dem vielleicht am nächsten kommt, wäre: Nichts im Leben ist umsonst.)

Dieses Sprichwort gilt im Englischen inzwischen für alle Angebote, die zu gut klingen, um wahr zu sein. Aus spirituell-minimalistischer Sicht hat alles, was einen wahren Wert besitzt, seinen direkten (oder indirekten) Preis. Mit anderen Worten: Was du gibst, bekommst du direkt proportional auch wieder zurück.

Bestimme den Wert selbst

Solange wir verstehen, dass es so etwas wie »kostenlos« nicht gibt, ist nichts Schlimmes daran, wenn jemand sein Produkt oder seine Dienstleistung kostenlos anbietet. Wenn wir dieses Wissen verinnerlichen, können wir unsere Erwartungen nicht nur entsprechend korrigieren, sondern auch Spaß daran haben. Wir können von vornherein selbst den Wert bestimmen, statt am Ende etwas draufzahlen zu müssen, denn wir haben keine Angst vor den Kosten.

Tatsächlich wissen wir ja bereits, dass Kosten beinhaltet sind. Und dass es nicht nur naiv, sondern geradezu illusorisch ist zu erwarten, man könnte für wenig oder keinerlei Gegenwert Qualität erhalten, ganz egal, wie das Angebot auf den ersten Blick wirkt. *Ein kostenloses Mittagessen gibt es nicht.*

Als spiritueller Minimalist möchte ich Beziehungen mit dem vollen Bewusstsein eingehen, dass – egal, ob offen oder unterschwellig – *immer* ein Austausch stattfindet. Und wenn ich ihn nicht klar erkennen kann, stelle ich ihn gern selbst her. Dabei muss es nicht um Geld gehen. Es könnte Aufmerksamkeit sein. Oder Anerkennung. Oder Dankbarkeit. Oder ich tue etwas Gutes, sodass ein karmischer Austausch entsteht.

Wichtig ist, dass wir uns den Austausch bewusst machen und uns daran erinnern, dass »kostenlos« am Ende häufig »teuer« bedeutet – in Form eines Gesprächs, das wir vielleicht gar nicht wollen, eines Gefallens, den wir nicht erwidern möchten, eines Verkaufsangebots, an dem wir kein Interesse haben, eines Geldbetrags, der uns für das, was wir angeboten bekommen, zu hoch erscheint, oder in Form von Zeit, die wir nicht opfern wollen.

Spirituell-minimalistisch gesehen ziehen wir einen sauberen, klaren Austausch vor, und das bedeutet, dass wir von vornherein die richtigen Fragen stellen – nicht etwa skeptisch oder zynisch, sondern neugierig und begeistert. Wenn dir zum Beispiel jemand fürs Wochenende eine Unterkunft anbietet, könnte die unausgesprochene Erwartung dahinterstehen, dass du, während du dort bist, beim Putzen, Kochen oder bei Sonstigem im Haushalt hilfst. Oder du sollst übermäßig freundlich und dankbar sein. Oder mit deinem Gastgeber lange Gespräche über dessen Beziehungsprobleme führen. *Es findet immer ein Austausch statt.* Wenn du begreifst, worum es sich dabei handelt, kannst du – je nachdem, wie viel Arbeit du hast oder wie sehr du deine Privatsphäre schätzt – entscheiden, ob es nicht letztlich billiger ist, dir ein Hotelzimmer zu nehmen.

Wenn du dir erst im Nachhinein auf Drängen des Anbieters oder der Freundin klarmachst, woraus der Austausch eigentlich bestand, gerätst du womöglich in eine heikle Lage, wo du am Ende viel mehr bezahlst als bekommst – du zahlst mit zu viel Hilfe für das Bier oder gibst bis in die frühen Morgenstunden kostenlos Ratschläge, die deine Freundin oder dein Freund höchstwahrscheinlich gar nicht berücksichtigen wird.

Du gefährdest also womöglich deinen Seelenfrieden mit sinnlosen Gesprächen, die dich auch noch den Schlaf kosten. Und wie hoch ist der Preis, wenn du nach einer schlechten Nacht am nächsten Tag müde bist? Hast du die 50 Dollar für das Hotelzimmer wirklich gespart oder doch eher 500 für die fehlerträchtigen, schlechten Entscheidungen bezahlt, unter denen du voraussichtlich wegen Schlafmangel am nächsten Tag leiden wirst?

Der Freund eines meiner Freunde von mir will immer bei Flügen sparen. Statt 80 Dollar extra für einen zweistündigen Direktflug zu zahlen, entscheidet er sich für einen Flug mit Zwischenlandung, der mit demselben Ziel zehn Stunden dauert, und glaubt, damit hätte er Geld gespart. Dabei ist ihm nicht klar, dass er mehr Geld für die Zeit ausgibt, die er damit verschwendet, stundenlang auf dem Flughafen auf den Anschlussflug zu warten, wo er sich teure, minderwertige Snacks kauft und überteuertes Wasser trinkt. Oder er hat, um Geld zu sparen, einen Nachtflug gebucht und bringt sich um eine Nacht Schlaf, sodass die Entscheidungen, die er in den darauffolgenden Tagen trifft, durch den Schlafentzug beeinträchtigt sein werden.

Was ist der wahre Preis für die acht Stunden extra im Transit? Wie viel ist der Schlaf einer Nacht wert? Wie viel ist eine Entscheidung in übermüdetem Zustand gegenüber einer guten Entscheidung wert? *Ein kostenloses Mittagessen gibt es nicht.*

Die Praxis des spirituellen Minimalismus besteht zu einem großen Teil darin, erkennen zu lernen, dass es von Bedeutung ist, wie wir unsere Zeit verbringen, und sicherzustellen, dass es zu unseren allgemeinen Prioritäten passt. Und dabei geht es nicht nur um die materiellen, sondern auch um die Energie- und karmischen Kosten. Ein Nachtflug hat (zusätzlich zum angegebenen) einen hohen Preis. Sparsamkeit hat ihren Preis im Vergleich zu Qualität oder Funktionalität. Es hat sogar seinen Preis, wenn man nicht ausspricht, was man wirklich denkt, wenn man keinen

Sport macht oder eine sogenannte Abkürzung nimmt. Ein Versprechen zu brechen kostet einen hohen Preis, ebenso aber auch, wenn man eine gute Gewohnheit bricht (man muss wieder von vorn anfangen), wenn man geizig ist oder über andere tratscht.

Daher ist es von Vorteil, entweder zu verstehen, worin die Kosten bestehen, oder vorab darüber zu verhandeln und einen Vorschlag zu machen.

Dieses Konzept des Austausches spielt auf dem spirituell-minimalistischen Weg eine Schlüsselrolle, und das Verständnis dafür wird sich auf verschiedene Weisen auszahlen. Es wird dich dazu inspirieren, mit Großzügigkeit die Führung zu übernehmen, Fragen anders zu stellen und alle Seiten im Sinne einer Win-win-Situation zu berücksichtigen. Wenn eine Partei dabei das Gefühl hat zu verlieren, wird dies langfristig teuer werden. Daher wirst du sicherstellen müssen, dass sich der Austausch für beide Seiten förderlich anfühlt.

Und noch etwas gilt es zu berücksichtigen: Als spiritueller Minimalist tausche ich mich nie bloß mit einer Person aus. Schlussendlich wird meine Rechnung vom »Universum« verwaltet. Letztlich bin ich der Nutznießer, auch wenn mitunter eine andere Person oder eine Organisation von meinem Austausch profitiert. Wenn ich mich weit genug herauszoome, begreife ich, dass ich immer nur mir selbst etwas zurückgebe. Wenn ich mich also einem anderen Menschen gegenüber schäbig verhalte, dann tue ich es in Wahrheit mir selbst gegenüber. Wenn ich jemand anderen übers Ohr haue, betrüge ich eigentlich mich selbst. Mit anderen Worten: Bei einem Austausch bin ich selbst *niemals* außen vor. Jede Beziehung ist letztlich ein Austausch mit mir selbst. Da du dies in spirituell-minimalistischer Hinsicht besser begreifst als die meisten anderen Menschen, wirst du die unnötig teure Falle mit dem kostenlosen Mittagessen zu vermeiden wissen.

Das Wesen von Selbstdisziplin

Ich definiere Selbstdisziplin so: Wenn wir langfristige Ergebnisse wünschen, müssen wir kurzfristig etwas unternehmen. Wie jeder weiß, der schon mal versucht hat, sich zu disziplinieren, sind wir selten dazu motiviert, weil Disziplin sich immer verzögert auszahlt. Und nur wenige Menschen – und dazu zählen auch die spirituell-minimalistisch ausgerichteten – besitzen die Selbstkontrolle, diese Verzögerung auszuhalten. Allerdings haben Letztere die Fähigkeit und die Bereitschaft, der Wahrheit ins Auge zu blicken und die notwendigen Vorkehrungen zu treffen.

Hier ein Beispiel, um zu verdeutlichen, was ich meine. Mein erstes Buch (es erschien unter dem Titel *The Inner Gym* im Selbstverlag) wollte ich zu einem bestimmten Datum veröffentlichen. In Wahrheit hatte ich es schon fast vier Jahre vor mir hergeschoben, und diese Vergangenheit ließ nicht darauf schließen, dass ich den Termin einhalten würde. Schließlich kam ich an den Punkt, wo ich es leid war, mir etwas vorzulügen. Im tiefsten Innern wusste ich, dass ich mir immer nur die nächste, wirklich wichtige Ausrede einfallen lassen würde, warum ich bis zu diesem Datum nicht fertig werden könnte, und mir wieder und wieder einen neuen Termin setzen würde.

Als ich daher eines Tages tatsächlich die Nase voll hatte

davon, mir etwas vorzumachen, beschloss ich, einen Scheck über 4000 Dollar auszustellen. Genau diesen Betrag hatte ich auf meinem Konto, und ich konnte mir nicht leisten, ihn zu verlieren. Den Scheck stellte ich auf einen Freund aus, der das Geld nicht benötigte. Ich schloss einen Vertrag mit ihm, laut dem er, falls ich mein Manuskript nicht bis zu einem bestimmten Datum fertig hätte, verpflichtet war, das Geld für etwas zu verwenden, das mich nicht berücksichtigte. Gemeinsam unterschrieben wir den Vertrag.

Danach fiel es mir nicht mehr schwer, das Manuskript fertigzustellen. Ich brauchte nicht einmal mehr Selbstdisziplin, sondern nahm mir jetzt gern genügend Zeit dafür, sodass ich sogar eine Woche vor der Zeit fertig wurde – denn für den Fall, dass etwas Unvorhergesehenes passierte, wollte ich nicht riskieren, mein Geld zu verlieren. Damals entdeckte ich das Geheimnis der Selbstdisziplin: Es geht nie um Disziplin an sich, sondern um Aufrichtigkeit. Indem ich etwas aufs Spiel setzte, das mir einiges bedeutete, hatte ich die Aufrichtigkeit in mein Vorhaben gebracht. Und schon fand ich auch die Selbstdisziplin. Mit anderen Worten: Wir sind nur insoweit diszipliniert, wie wir aufrichtig mit uns selbst sind.

Wenn du in der Lage bist, vor dir selbst zuzugeben, dass du morgens nicht um sechs Uhr aufstehen wirst, um an deinem Lieblingsprojekt zu arbeiten, weil du so was noch nie gemacht hast, ganz egal, wie hehr deine Absichten sind, dann solltest du vielleicht auch ein bisschen Geld einsetzen. Oder mit jemandem einen Vertrag abschließen, der dich zur Verantwortung zieht – über irgendetwas, das dich dazu motiviert, in dem, was du tun willst, wirklich aufrichtig mit dir selbst zu sein.

Wenn du das wirklich bist und tatsächlich etwas riskierst, das du dir nicht leisten kannst zu verlieren oder woraus du dich nicht herauswinden kannst, garantiere ich dir, dass du gar keine Selbstdisziplin mehr benötigst. Und du lernst, was du brauchst, um dein Wort halten zu können.

Das Beste daran ist, dass du diese Strategie, wenn du sie erst mal bei einer Sache eingesetzt hast, getrost für alles nutzen kannst, was du in deinem Leben verändern möchtest. Und spirituell-minimalistisch gesehen beweist du, dass Veränderung tatsächlich möglich ist.

Aktion: Hinterlasse keinen Müll

Bei einem Interview erzählte der Football Coach der Clemson University Dabo Swinney, eine der Regeln seines Footballteams sei es, keinen Müll zu hinterlassen. Buchstäblich jeder Umkleideraum musste blitzsauber sein, wenn sie gingen. Im Bus durfte für den Busfahrer kein Müll mehr zum Beseitigen übrig sein. Und wenn die Teammitglieder freitags abends aus dem Kino kamen, sollten sie es sauberer hinterlassen, als sie es vorgefunden hatten.

Coach Swinney sagte, besonders stolz sei er als Coach in dem Augenblick gewesen, als er nach einem Spiel mit der University of Notre Dame (Indiana), das Clemson mit zweifacher Nachspielzeit verlor, einen Brief erhielt, in dem es hieß, noch nie habe Notre Dame ein Gastteam erlebt, das den Umkleideraum so sauber hinterlassen habe. Coach Swinney platzte schier vor Stolz, weil sein Team sogar nach der vernichtenden Niederlage den Standard hochgehalten hatte, zu dem es sich zu Jahresbeginn verpflichtet hatte.

Wenn du eine Spitzenleistung willst, musst du sie auch liefern, selbst – und *vor allem* – wenn dir nicht danach ist.

Damit du das Prinzip, das zu geben, was du gern selbst hättest, wirklich verkörpern kannst, musst du die spirituell-minimalistische Praxis umsetzen, alle Orte besser zu hinterlassen, als du sie vorgefunden hast, auch dann, wenn du nicht in der richtigen Stimmung bist oder es gerade nicht passt. Das bedeutet, dass du in einer öffentlichen Toilette, im Kino, im Taxi oder bei anderen zu Hause nichts von dir hinterlässt und dazu auch den Müll von anderen mitnimmst, damit der Ort schön sauber ist. Mit anderen Worten: Behandle alle Orte so, als gehörten sie dir – als würde dein persönlicher Held den Ort direkt nach dir nutzen. Es spielt keine Rolle, wie andere mit dem Ort umgehen. Vielleicht ist noch niemand mit gutem Beispiel vorangegangen, und jetzt hast du die Gelegenheit zu zeigen, was es ausmacht, wenn sich jemand genug Mühe gibt, sich auf ungewöhnliche Weise um einen von der Gemeinschaft genutzten Raum zu kümmern. Außerdem weißt du nie, wer gerade hinschaut.

Ein Mittel gegen Einsamkeit

Meiner Erfahrung nach verliert man, wenn man zu trinken aufhört, nach einer Weile die Lust, mit Leuten Zeit zu verbringen, die viel Alkohol konsumieren. Zugleich sind aber die meisten sozialen Kontakte im Erwachsenenalter mit Alkoholkonsum verbunden – daher ging ich eine lange Zeit so gut wie gar nicht aus.

Ich würde nicht sagen, dass ich unbedingt einsam war,

aber ich war definitiv allein und noch dazu Single. Daher beschloss ich 2014, selbst herzustellen, was mir fehlte: ein alkoholfreies gesellschaftliches Event, bei dem es um Inspiration ging.

Ich fragte mich, was ich eigentlich mochte: Livemusik und TED-Talks, Stand-up-Comedy und Philanthropie. Also kombinierte ich diese verschiedenen Elemente zu einem neunzigminütigen Event, mietete für 50 Dollar ein Tanzstudio im Westen von L. A. und nannte es *The Shine*.

Einigen meiner Freunde schickte ich eine E-Mail mit der Information, und so kamen beim ersten *Shine*-Event etwa ein Dutzend Leute zusammen. Ich veranstaltete weiterhin ein Event pro Woche, das ich jeweils aus eigener Tasche bezahlte. Mit der Zeit sammelten wir am Ende der jeweiligen Veranstaltung Spenden ein, die wir für wohltätige Zwecke weitergaben.

Dann kamen einhundert, zweihundert und am Ende dreihundert Leute zu diesen Events, bis sie auch in New York und London stattfanden und ein ganz großes Ding daraus wurde. Nicht nur die *New York Times,* sondern auch NBC, ABC und weitere große Medien berichteten darüber.

Interessant war es für sie, weil es eine alkoholfreie Veranstaltung für Erwachsene an Samstagabenden war und zu diesem Zeitpunkt sonst nichts Vergleichbares existierte. Wir hatten die Presse nicht angesprochen, denn niemand von uns kümmerte sich um die PR. Es passierte als Ergebnis von Konstanz und Mundpropaganda.

Ich hatte etwas geschaffen, was meinem Gefühl nach gefehlt hatte. Obwohl ich damit nie direkt etwas verdiente, erhielt ich doch nach dem Bericht in der *Times* meinen ersten Buchvertrag. Das *Shine*-Event wurde in den fünf Jahren seiner Existenz komplett von Ehrenamtlichen organisiert.

Abgesehen von meinem Meditationsunterricht, mit dem ich mir meinen Lebensunterhalt verdiente, gab mir *The Shine* etwas anderes, auf das ich hinarbeiten konnte – gewissermaßen einen Gehaltsscheck für meine Seele. Denn es brachte Menschen zum Thema Inspiration zusammen und schuf großartige Erinnerungen. Auch meine Freundin lernte ich durch *The Shine* kennen. Wir begegneten uns, weil sie sich ehrenamtlich dafür engagieren wollte. So bekam ich schließlich *alles,* was ich wollte, als ich allein war, dadurch, dass ich mich auf das fokussierte, was ich selbst geben konnte, und nicht auf das, was mir fehlte.

Als spiritueller Minimalist empfehle ich dir Folgendes: Wenn du das Gefühl hast, dass dir etwas fehlt, konzentriere dich darauf, wie du es geben kannst. Wenn dich zum Beispiel die Menschen oder Veranstaltungen in deiner Umgebung nicht ansprechen, schaffe selbst das Event, zu dem du gern gehen würdest. Ich garantiere dir, dass die Leute, die deine Wertvorstellungen teilen, kommen werden, wenn du es am rechten Ort und authentisch organisierst, und dass du dir deine eigene Gemeinschaft schaffen wirst.

Sich eine eigene Gemeinschaft zu bilden ist eine der besten Möglichkeiten, der Einsamkeit ein Ende zu setzen. Du löst sie dadurch auf, dass du dich aufs Geben konzentrierst. Dabei brauchst du gar nichts Aufwendiges auf die Beine zu stellen. Vielleicht bildest du eine Wandergruppe. Oder du lädst zu einem Spieleabend ein. Oder zu einem Abendessen bei dir zu Hause. Alle mögen selbst zubereitete Speisen. Also lade ein paar deiner Freunde zu dir ein und lass sie deine Kochkünste genießen.

Auch ich habe das eine Zeit lang gemacht. Ich nannte es *Community Table,* zu dem ich jeden Montagabend sechs Leute in meine Wohnung einlud, wo ich selbst oder ein Freund von mir ein Drei-Gänge-Menü zubereitete. Es war wunderbar. Der *Community Table* existierte etwa anderthalb Jahre, in denen ich bei köstlich zubereiteten Mahlzeiten auf Dutzende von faszinierenden Menschen traf und viele bleibende Erinnerungen entstanden. Davor organisierte ich in der Wohnung in West Hollywood, in der ich mit meinem Meditationsunterricht begonnen hatte, jeden Donnerstagabend ein Abendessen mit Spieleabend. Finde etwas, was für dich passt. Nach spirituell-minimalistischer Art wartest du nicht ab, bis dich andere einladen. Mach es dir zur Gewohnheit, selbst zu erschaffen, was du sehen und erleben möchtest, und schon wirst du die Einsamkeit durch Inspiration ersetzt haben.

Was ich immer bei mir habe: Dankesschreiben

Ich habe immer "Papier" in irgendeiner Form bei mir: entweder einen Notizblock, ein Tagebuch oder auch lose Blätter. Warum das? Weil ich nie weiß, ob ich nicht vielleicht irgendwo einen schriftlichen Dank hinterlassen will.

In unserer digitalisierten Welt ist es eines der freundlichsten, nettesten und unerwartetsten Zeichen von Wertschätzung, sich die Zeit zu nehmen, jemandem handschriftlich einen Dank zu schreiben. Damit ich das tun kann, will ich immer etwas zum Schreiben und Papier zur Hand haben. Es gibt zahlreiche Gründe, etwas physisch aufzuschreiben. Hier einige Verwendungsmöglichkeiten für deinen Notizblock:

Dankesschreiben

Such dir einen Notizblock mit Seiten, die du relativ leicht entnehmen kannst. Je sauberer der Rand, desto besser, denn Ordnung ist ebenfalls ein spirituell-minimalistisches Kennzeichen. Für deine Notizen eignet sich am besten ein Brushmarker oder ein Kugelschreiber. Noch besser ist es, wenn du die Möglichkeit hast, dich mit Kalligrafie zu befassen. Verfeinere deine Schreibkunst zumindest so lange, bis deine Notizen lesbar sind. Eine Nachricht an jemanden ist nur dann von Wert, wenn sie auch leicht lesbar (und vielleicht sogar vorzeigbar) ist. Ich fotografiere meine Notizen gern, damit ich mich, falls ich mich zu einem späteren Zeitpunkt darauf berufen möchte, noch erinnern kann, was ich geschrieben habe. Du weißt nie, wo diese

Notizen landen … vielleicht in zweihundert Jahren in einem Museum.

Tagebuch

Wenn du professionell schreiben möchtest oder deine persönliche Geschichte gern schriftlich festhältst, ist ein Tagebuch eine unbezahlbare Ressource. Ich war nicht so konsequent im Tagebuchschreiben, wie ich es gern gewesen wäre. Aber ich habe es nie bereut, wenn ich es getan habe. Denn ich reflektiere gern meine Erfahrungen, vor allem, wenn ich über sie schreiben will. Natürlich kannst du in deinem elektronischen Gerät Tagebuch führen, aber auch das handschriftliche Notieren von Gedanken hat seinen Platz. Es ist die Frage, was einem mehr liegt. Falls Platz ein Problem ist, könntest du, wenn ein Tagebuch vollgeschrieben ist, die Seiten einzeln fotografieren, bevor du es wegwirfst und ein neues anfängst.

Origami

Hast du dich schon mal mit Origami beschäftigt? Wenn nicht, solltest du es tun. Ich habe gelernt, wie man Papier zu einem Kranich faltet, und kann jetzt bei Bedarf jemandem als Zeichen meiner Wertschätzung einen Papierkranich hinterlassen. Natürlich ist Origami mit einer leichten Lernkurve verbunden, aber wenn du dir erst einmal die Abfolge im Falten eingeprägt hast, ist es etwas sehr Meditatives. Außerdem übersteigt die Wirkung den geringen Lern- und Zeitaufwand für die Herstellung bei Weitem.

Notizblock

Wie oft hören wir einen Namen, der schwer auszusprechen ist? Wenn wir ihn uns phonetisch notieren, fällt es viel leichter, ihn sich zu merken. Dale Carnegie erinnert uns in seiner Ratgeberbibel *Wie man Freunde gewinnt. Die Kunst, beliebt und einflussreich zu werden* daran, dass der schönste Klang in jeder Sprache der Klang des (richtig ausgesprochenen) eigenen Namens ist. Dein kleiner Notizblock stellt sicher, dass du dich jedenfalls, wenn du auf jemanden mit einem komplizierten Namen triffst, an diesen erinnern wirst – denn du hast ihn dir aufmerksam notiert. Damit gehörst du zum obersten Prozent aller Leute.

Flirten

Mein Freund Will hat seine handgeschriebenen Flirtnachrichten immer als »Bumerang« bezeichnet. Das funktioniert so: Du schreibst zum Beispiel »Hey, ich mag deine Art. Ich weiß zwar nicht, ob du Zeit hast, aber falls ja, würde ich gern mal mit dir einen Kaffee trinken. Meine Nummer ist xxx-xxxx. Will (der gut aussehende Typ aus dem Café XY).« Dann faltest du den Zettel, gibst ihn der betreffenden Person und kümmerst dich weiter um deine Sachen. Wenn die Person tatsächlich Interesse und Zeit hat, wird sie dir texten und deinen Vorschlag annehmen oder dir auch, falls sie nicht verfügbar ist, höflich absagen. Jedenfalls wirst du normalerweise, weil du dir ein bisschen Mühe gegeben hast, eine Reaktion bekommen – daher der Begriff »Bumerang«.

PRINZIP 5:
Geh deiner Neugier nach

> »Mach dir keine Sorgen, ob du deine
> Bestimmung finden wirst. Geh einfach
> deiner Neugier nach, und deine
> Bestimmung wird dich finden.«
> **Der spirituelle Minimalist**

Ein Samen wird gepflanzt

In Wahrheit war es 2018 nicht das erste, sondern schon das dritte Mal, dass ich zum Nomaden wurde. Das erste Mal passierte es nach dem College. Ich bekam einen Job in einer Boutique-Agentur für Marketing in Chicago. Nach ein paar Monaten beschloss ich, zu kündigen und es mit Modeln zu versuchen. Im College hatte ich bei ein paar lausigen Modeschauen mitgemacht; bei einer hatte ich mitbekommen, wie sich ein paar Typen darüber unterhielten, in South Beach, Florida, entwickle sich gerade eine aufstrebende Modeszene – und schon hatte sich der Samen in mein Herz gepflanzt, dass ich eines Tages nach Südflorida gehen und modeln würde.

Ich informierte meinen Kreativdirektor, dass ich die

Agentur verlassen würde. Dabei war ich mir meines nächsten Schritts noch gar nicht sicher, auch wenn mir die Stimme meines Herzens insgeheim nahelegte, es mit dem Modeln zu probieren. Der Kreativdirektor wünschte mir viel Glück, und die nächsten Wochen verbrachte ich damit, mich auf eine Vorstellung bei Chicagoer Modelagenturen vorzubereiten.

Ich ließ eine befreundete Fotografin ein paar Fotos von mir machen und bot sie bei einigen Open Calls an, wurde aber überall abgewiesen. Etwa eine Woche später kam ich in einem Café mit einer lokalen Modefotografin ins Gespräch und erzählte ihr, dass mich alle Agenturen abgewiesen hätten. Nachdem sie mich gebeten hatte, ihr meine Fotos zu zeigen, erklärte sie mir, sie seien künstlerisch zu anspruchsvoll, ich brauchte richtige Modefotos, und sie bot mir ihre Hilfe an. Mit den neuen Fotos ging ich wieder zu allen Agenturen und wurde erneut von fast allen Agenturen abgewiesen. Nur die letzte willigte ein, mich zu vertreten.

Obwohl mich das freute, informierte ich meine neue Agentin Amy gleich an meinem ersten Tag in der Agentur, dass ich nach South Beach gehen wolle. Wir einigten uns darauf, dass ich den Sommer über in Chicago bleiben würde, um einige weitere Fotos zu machen. Eines Tages im Juli erhielt ich einen Anruf von Amy, ich solle in die Agentur kommen, um einen Pariser Modelagenten namens Paul von der Topagentur PH One in Paris zu treffen, der gerade in der Stadt sei.

Nach einiger Wartezeit konnte ich ihn auch wirklich kennenlernen. Er begrüßte mich herzlich und stellte sich mit starkem französischem Akzent als »Pool« vor. Ich überreichte Pool meine Mappe und beobachtete ihn, während

er die Seiten durchblätterte und jedes Foto genau betrachtete. Schließlich gab er mir die Mappe mit den Worten zurück: »Du würdest dich in Paris gut machen.«

Ich war begeistert. Nachdem mich die Agenturen in Chicago zweimal abgewiesen hatten, bekam ich nun endlich Bestätigung durch einen der Topagenten von einem der größten Modemärkte der Welt. Als Pool daher sagte, ich würde mich in Paris gut machen, hörte ich in Wirklichkeit: »Wenn du nach Paris kommst, wirst du ein Star.«

Was ich damals nicht begriff (ich hatte einfach noch nicht genug Erfahrung in der Branche), war, dass Pool mir sofort angeboten hätte, mich zu vertreten, wenn er wirklich eine Zukunft für mich in Paris gesehen hätte. Er hätte mich vielleicht sogar gleich eingeflogen und in der Wohnung eines Models untergebracht. Aber das war nicht der Fall. Meine Begegnung mit ihm hatte nur einige wenige Minuten gedauert, und das war's. »Du würdest dich gut machen« war einfach eine nette Bemerkung, die er an diesem Tag wahrscheinlich aus reiner Freundlichkeit jedem Model gegenüber machte.

Aber jetzt hatte sich mir neben der Idee, nach South Beach zu gehen, auch Paris als Ziel ins Herz gepflanzt. Ich würde zuerst nach Florida gehen und dann zu Pool weiterreisen und seiner Pariser Agentur beitreten. Mein Plan stand fest.

Im Oktober ging ich von Chicago nach South Beach und wurde von allen Agenturen bis auf eine abgelehnt. So bekam ich weitere Fotos für meine Mappe und innerhalb von einem halben Jahr insgesamt drei oder vier Aufträge. Von South Beach ging ich nach New York, um hier eine Agentur zu finden ... und wurde ebenfalls von allen großen Agenturen abgewiesen. Also kehrte ich nach Chicago zurück und beschloss, dass es jetzt wohl an der Zeit sei, nach Paris zu Pool zu gehen, wenn ich in den USA schon kein Glück hatte. Zu diesem Zeitpunkt war ich bereits so an Zurückweisung gewöhnt, dass ich dachte, ich hätte nichts mehr zu verlieren.

Mit meinem letzten Geld buchte ich den Hinflug Chicago–Paris, mit Zwischenstation in Newark. Als ich am Flugsteig ankam, wurde dort verkündet, der Flug nach Paris sei überbucht. Da Pool gar nichts von meinem Kommen wusste, beschloss ich, meinen Platz gegen einen Flug-Voucher in Höhe von 500 Dollar herzugeben, den sie den freiwillig Zurücktretenden anboten, und ich wurde auf einen Flug am Abend darauf umgebucht.

Als ich am folgenden Abend wieder am Gate erschien, war es das gleiche Lied: Der Flug war überbucht. Wieder brauchten sie Leute, die freiwillig auf ihren Platz verzichteten. Ich verzichtete und erhielt einen weiteren Flug-Voucher in Höhe von 500 Dollar. Ich überlegte schon, dass ich, wenn es mit dem Modeln gar nicht klappen sollte, auch hiermit meinen Lebensunterhalt verdienen könnte.

Am folgenden Abend war es wieder die gleiche Leier. Ich verzichtete, aber am Ende fanden sie dann doch noch einen Platz für mich. Nun war ich also auf dem Weg nach Paris mit mehr Geld als genug in Form von Flug-Vouchern, um einen Rückflug buchen zu können, falls es mit Pool nicht klappen sollte.

Als ich am nächsten Morgen ankam, hätte ich gern in einem Hostel eingecheckt, aber es war erst 9 Uhr morgens, ich solle um 15 Uhr wiederkommen. Also nahm ich meine Sachen mit zu PH One, Pools Agentur.

Als ich erfuhr, dass Pool nicht in der Stadt sei, war ich etwas enttäuscht. Aber die Rezeptionistin nahm meine Mappe und verschwand in den hinteren Räumen. Kaum eine Minute darauf kam sie wieder, um mir mitzuteilen, sie hätten bereits ein Model, das so aussehe wie ich, und ich solle mich an andere Agenturen wenden. Zurückgewiesen zwar, aber nicht entmutigt, setzte ich mich in die Lobby und schaute eine Liste mit lokalen Agenturen durch, um zu entscheiden, von wem ich mich als Nächstes abweisen lassen wollte.

In der Zwischenzeit unterhielt sich ein großer kräftiger Schwarzer am anderen Ende der Lobby auf Französisch mit zwei Models. Ab und zu schaute er dabei in meine Richtung. Ich wusste zwar nicht, warum er mich ansah, hoffte aber, er würde nicht zu mir kommen und mich auf Französisch ansprechen, denn die paar Sätze, die ich im Französischunterricht am College gelernt hatte, hatte ich längst vergessen.

Doch als er herüberkam, sprach er mich zu meiner Überraschung in perfektem amerikanischem Englisch an.

»Hey, bist du aus Chicago?«, fragte er.

»Na ja, nicht direkt, aber ich hab da gelebt.«

»Ich komme von dort und bin Fotograf. Ich vergesse nie ein Gesicht und hab in einer Agentur in Chicago deine Sedcard gesehen.«

»Echt wahr?! Was für ein Zufall.«

Er gab mir die Hand: »Ich heiße Ernest.«

»Schön, dich kennenzulernen.«

»Und wie ist es dir hier ergangen? Haben sie dich unter Vertrag genommen?«

»Nein, sie haben mir gesagt, sie hätten schon jemanden,

der aussieht wie ich, ich soll es bei anderen Agenturen versuchen.«

»Soso. Na dann komm doch mal bitte mit.«

»Gern.«

Ich ging mit ihm durch den Flur zu einem angrenzenden Büro mit einem Schild, auf dem »Crystal« stand. Eine andere Modelagentur, so meine Vermutung. Als wir eintraten, stand dort, mit dem Rücken zur Tür, ein junges Model. Sie drehte sich um, bemerkte mich und rief meinen Namen aus.

»Oh, Mann, was machst du denn hier?!«

»Ich bin gerade nach Paris gekommen. Und du? Was machst *du* hier?«

»Ich modele seit einem Jahr hier«, sagte sie.

Sie hieß Lauriel und hatte ebenfalls bei der lausigen Modenschau zu Collegezeiten mitgemacht, wo ich zum ersten Mal von der Modeszene in South Beach gehört hatte. Und nun waren wir in Paris. Sie wohnte mit einem französisch-amerikanischen Freund namens Jeffery zusammen. Als sie erfuhren, dass ich keine Bleibe hatte, sagte Jeffery, seine Mutter sei gerade für einige Monate fort und bei seiner Schwester zu Besuch, und er vermietete mir für eine geringe Summe ihre Wohnung. Sie befand sich im 18. Arrondissement, einem der interessantesten Bezirke von Paris, mit direktem Blick auf die Basilika Sacré-Coeur. Außerdem bot mir die mit Ernest befreundete Agentin von Crystal an, mich zu Modelcastings zu schicken.

So hatte ich schließlich, nach zwei aufgeschobenen Flügen, einem gescheiterten Check-in in einem Hostel und einer Abfuhr von Pools Agentur innerhalb weniger Stun-

den nach meiner Ankunft in Paris alles, was ich brauchte – weil ich meiner Neugier nachgegangen war.

In Paris blieb ich etwa ein halbes Jahr. Ich hatte einen wunderbaren Freundeskreis und wurde schließlich von einer der dortigen Topagenturen unter Vertrag genommen. Später lernte ich den New Yorker Topagenten bei seinem Besuch in Paris kennen, der mich nach New York holte. Obwohl meine Modelkarriere nicht auf die übliche Art begonnen hatte, ging ich weiterhin meiner Neugier nach. Am Ende arbeitete ich mit Agenten zusammen und erlebte Abenteuer, die großartiger waren als alles, was ich mir je für mich hätte vorstellen können. Und New York war dann auch der Ort, an dem ich zum ersten Mal mit Meditation in Berührung kam.

Und die Moral von der Geschicht'? Wenn mir ein Samen ins Herz gepflanzt wird, muss ich dies als spiritueller Minimalist ernst nehmen, denn dieser Samen weist mir den nächsten Schritt auf meinem Weg. Dabei braucht man seine Bestimmung gar nicht zu kennen. Das Einzige, was man tun muss, ist, weiterhin der eigenen Neugier nachzugehen. Am Ende wird man von der eigenen Bestimmung gefunden.

Ein Hüpfer ins Ungewisse

Im Jahr 2020 startete ich einen Podcast, in dem ich die Geschichten von Leuten vorstellte, die ihre Bestimmung gefunden hatten. Hier meine Schlussfolgerungen aus etwa zweihundert Interviews mit ganz normalen Menschen, die einen außergewöhnlichen Sprung ins Ungewisse gewagt hatten, um ihre Bestimmung zu finden.

Zwei motivierende Faktoren spielen für einen solchen Sprung eine Rolle. Zunächst einmal der Schmerz. Wir sind in einer so unerträglichen, nicht auszuhaltenden Lage, dass die Vorstellung, in ihr hängen zu bleiben, keine Option mehr ist. Ich nenne das eine brennende Motivation für den Sprung in die eigene Bestimmung. Mit anderen Worten: Es ist zu heiß, um im Status quo zu bleiben, wir haben keine Wahl, wir müssen den Sprung wagen.

Der zweite Motivationsfaktor ist die Neugier. Eine Überlegung oder eine Idee pflanzt sich bleibend im Bewusstsein ein. Egal, wie sehr wir versuchen, sie zu ignorieren, wir werden sie über den Tag und bis in den Abend hinein nicht mehr los. Sie bleibt im Hinterkopf haften. Sie wird zum Thema vieler Tagträume, bis wir sie schließlich ernst genug nehmen, um ihr nachzugehen. Und je eingehender wir sie erkunden, desto mehr fasziniert sie uns.

Es gibt noch einen dritten Grund, aus dem manche Leute ihrer Bestimmung nachgehen: Sie haben keine andere Wahl. Aber darauf gehen wir näher ein, wenn wir uns dem letzten Prinzip des spirituellen Minimalismus zuwenden: der Freiheit von der Wahlfreiheit.

Beim Thema Korruption heißt es: Folge dem Geld, es wird dich zur Korruptionsquelle führen. Wenn es nun darum geht, die eigene Bestimmung zu finden, geht es gemäß der Erfahrung meiner Podcast-Gäste darum, der eigenen Neugier zu folgen – egal, wie seltsam das klingt, wie viele Leute uns auslachen oder wie wenig qualifiziert wir uns dafür fühlen mögen, den Bereich zu erkunden, der uns interessiert. Bleib dran, denn am Ende gelangst du so zu deiner Bestimmung.

Mein Umzug nach Paris war mein erster großer Sprung

in Richtung meiner Bestimmung. Doch wenn du an den Anfang der Geschichte zurückgehst und sie noch mal von vorn liest, wirst du sehen, dass ich schon vorher hierher und dorthin gehüpft war: von meinem Marketingjob zum Model, von Chicago nach Miami, nach New York und wieder zurück nach Chicago, dann nach Paris und schließlich zurück nach New York. Daher war der »Pariser« Sprung, der dann als der große Glücksfall dastand, eigentlich nur einer von vielen.

Wenn du von jemandem hörst, er habe einen großen Sprung ins Ungewisse gewagt, heißt das nur selten, dass er, von einer Inspirationswelle überrollt, gleich am nächsten Tag seinen Job gekündigt und sein Leben von Grund auf geändert hat. Wahrscheinlicher ist, dass er mit einer ganzen Reihe von Babyhüpfern angefangen hat.

Vor meinem jüngsten Nomaden-Abenteuer (dem jetzigen, während dessen ich dieses Buch schreibe) wollte ich wissen, mit wie wenigen Dingen ich als Nomade tatsächlich auskomme. Also nahm ich, wenn ich irgendwo zum Unterrichten unterwegs war, probeweise immer weniger Gegenstände mit, bis ich schließlich den Sprung wagte und mich von allem trennte. Obwohl es also so aussieht, als hätte ich mein Leben über Nacht radikal verändert, hatte ich in Wahrheit, *bevor* ich den Sprung tatsächlich tat, bereits Dutzende Male ausprobiert, wie ich mit weniger auskommen konnte und was ich wirklich unterwegs brauchte.

Wenn du das Leben von denen genauer anschaust, die einen extremen Wandel durchlaufen haben, wirst du auf dem von ihnen zurückgelegten Weg fast immer eine Reihe von kleinen Hüpfern finden. Du wirst sehen, wie sie eine

Weile mit der Idee gespielt, sie dann auf kleine, überschaubare Weise ausprobiert haben und dabei Selbstvertrauen aufbauen und die Hindernisse aus dem Weg räumen konnten. Mit viel Übung erst wagten sie dann den Sprung, der sich nun gar nicht mehr so furchterregend und eher wie der nächste Schritt in der Entwicklung ihrer Bestimmung anfühlte.

Egal, wie groß die Veränderungen sind, die du angehen willst, beginne mit kleinen Hüpfern. Und wenn du dich dann schließlich voll darauf einlässt, wird es von außen aussehen wie ein beängstigender Sprung ins Ungewisse – doch da du deiner Neugier nachgegangen bist, wird es für dich einfach nur ein Schritt in der Folge Dutzender oder gar Hunderter anderer Schritte sein. Und mit jedem dieser Hüpfer wirst du deiner Bestimmung näher kommen.

Aktion: Flanieren

Spirituell-minimalistisch betrachtet ist spazieren gehen nicht einfach spazieren gehen. Es kann auch eine produktive Zeit sein: zum Beobachten, zum Praktizieren von Achtsamkeit, für ein Brainstorming, eine Besprechung oder eine Pause, für einen Telefonrückruf oder dafür, einer Idee nachzuhängen oder einen Podcast oder ein Hörbuch anzuhören.

Gute Gründe für einen Spaziergang finden sich immer. Oder wir tun es ganz ohne Grund und üben uns in der Kunst, ziellos zu flanieren. Denn um eine Kunst handelt es sich dabei. Erstmals wurde das Flanieren im späten 19. Jahrhundert in Paris beschrieben, wenn Männer und

Frauen bewusst ohne bestimmtes Ziel Müßiggang pflegten. Es ging darum, umherzustreifen, die Leute und die Umgebung zu beobachten, sich auch zu »verlaufen« und dabei Neues, Interessantes über die Umgebung oder die Beziehung des Flaneurs zu dieser zu entdecken. Eigentlich geht der Flaneur einfach seiner Neugier nach.

Flanieren praktizierte man in der Regel allein, denn ohne die Ablenkung durch eine Begleitperson nahm man mehr von der Umgebung wahr. Außerdem tat man es in nüchternem Zustand, denn das vollständige Eintauchen in die Erfahrung sorgte für ein natürliches Hochgefühl, das man nicht durch Alkohol oder andere bewusstseinsverändernde Substanzen beeinträchtigen wollte.

Vielen der Impressionisten in Paris wurde nachgesagt, sie seien Flaneure. Sie streiften durch die Stadt, ließen sich von ihrer Neugier treiben, verirrten sich, stolperten so über eine beeindruckende Perspektive auf eine Landschaft oder einen interessanten Lichteinfall, der die Konturen eines Gegenstands hervorhob, um dann alles mit Farbe auf die Leinwand zu bringen – daher der Begriff des »Impressionisten«.

Als spiritueller Minimalist bin ich gewissermaßen der Flaneur von heute, der gern zu Fuß die Gegend durchstreift, manchmal mit einem klaren Ziel im Kopf, häufig aber auch einfach nur, um mich zu bewegen. Und *immer* überlasse ich es meiner Neugier, mir den Weg zu weisen.

Wir wissen ja, dass Bewegung gesund ist. Ein täglicher Spaziergang sorgt für die beste regelmäßige Bewegung. Die Flaneure von damals kannten vielleicht nicht das ganze Ausmaß der Vorteile, die tägliches Gehen bietet. Die moderne Medizin allerdings hat eine Menge dazu zu sagen:

- Gehen beugt Demenz vor und reduziert die Wahrscheinlichkeit, an Alzheimer zu erkranken.
- Es setzt Endorphine frei und baut auf diese Weise Stress ab.
- Die Beinbewegung verbessert die Sehkraft.
- Die körperliche Ertüchtigung beim Gehen beugt Herzerkrankungen vor und verringert das Risiko von Lungenerkrankungen.
- Ein täglicher Spaziergang von einer halben Stunde senkt den Cholesterinspiegel.
- Gehen verbessert die Verdauung und reguliert den Stuhlgang.
- Es heißt, 10 000 Schritte am Tag seien ebenso effektiv wie ein komplettes Work-out.
- Gehen kräftigt die Muskeln und reduziert das Risiko von Gelenkentzündungen.
- Es lindert Rückenschmerzen und fördert eine gute Körperhaltung.
- Gehen lindert Depressionssymptome und hilft, den Geist zu beruhigen.

Idealerweise gehst du mehrere Tausend Schritte pro Tag. Eine Meile entspricht ungefähr 2000 Schritten (ein Kilometer macht um die 1400 aus). Um eine Meile zwanglos zurückzulegen, benötigst du im Allgemeinen zwanzig bis fünfundzwanzig Minuten. Das heißt, dass du auf etwa 6000 Schritte kommst, wenn du jeden Tag eine Stunde gehst. Du kannst auch noch die Schritte dazurechnen, die du bei dir zu Hause zurücklegst.

Falls du die Möglichkeit hast, Treppen zu steigen, kannst du sie ebenfalls hinzuzählen. Und sieh ruhig auch deine

Einkäufe als Chance für zusätzliche Schritte. Normalerweise freuen wir uns, wenn wir einen Parkplatz direkt vor dem Eingang unseres Zielortes finden. Als spiritueller Minimalist dagegen freue ich mich, wenn ich weit genug entfernt parken kann, um noch ein paar Schritte mehr zu machen.

Nutze also das gute alte Gehen als beste und nachhaltigste Art der Bewegung, die du dir täglich verschaffen kannst. Werde der moderne Flaneur, die moderne Flaneurin. Du brauchst keine Gründe für einen Spaziergang. Zieh dir deine Schuhe an und lass dich von deiner Inspiration treiben. Nimm alles auf, was du siehst. Mach heute mindestens 6000 Schritte und schau, ob du mit der Zeit auf 10 000 kommst. Mit einem Smartphone oder einer Smartwatch kannst du sie ganz leicht zählen.

Aber Vorsicht: Es macht süchtig. Hast du dir das Gehen erst einmal angewöhnt, wirst du nicht mehr damit aufhören wollen, denn es bietet die optimale Gelegenheit, den Geist zu beruhigen, den Körper zu trainieren und deine Nachbarschaft besser kennenzulernen. Außerdem gibst du dir selbst die Chance, buchstäblich deiner Neugier nachzugehen.

Was ich immer bei mir habe: ein Paar weiße Schuhe

Für mich als spirituellen Minimalisten ist der Schuh der Wahl der einfache weiße Freizeit-Sneaker, am liebsten aus Leder (oder Kunstleder). Ich habe über die Jahre verschiedene ausprobiert, ohne eine bestimmte Marke zu bevorzugen. Allerdings vermeide ich Leinenschuhe, denn Leder lässt sich viel leichter reinigen und pflegen.

Man braucht die Schuhe nur alle paar Tage mit einem Lappen oder feuchten Tuch abzuwischen, bevor man ausgeht, und wenn man das regelmäßig macht, kommt das Weiß hervorragend zur Geltung. Es ist ein nobler Look, der sich je nach Anlass leicht schicker oder legerer gestalten lässt.

Außerdem kann man sie überall kaufen, denn so ziemlich jeder Designer stellt einen eigenen komplett weißen Freizeitschuh her. Man findet sie in Knöchelhöhe, falls du das lieber magst, oder als Halbschuh (was ich persönlich vorziehe).

Ein paar Tricks, damit deine Schuhe immer wie neu aussehen

Abwischen: Wisch die Schuhe alle paar Tage ab. Das braucht gar nicht weiter aufwendig zu sein. Nimm ein Handtuch oder einen Lappen, befeuchte ihn mit etwas Wasser und wische damit die Schuhe ab. Falls deine Zeit knapp ist, kannst du auch ein Feuchttuch verwenden.

Schnürsenkel: Entweder wäschst du deine Schnürsenkel aus oder du kaufst dir ein Paar neue. Es gibt sie in jedem Schuhgeschäft. Wenn du das Leder abgewischt hast und die Schnürsenkel wieder einfädelst, sehen die Schuhe wie neu aus.

Socken: Das Fußbett solltest du so frisch halten wie möglich. Was Socken angeht, trage ich sie gern in Schwarz, weil sie leichter sauber zu halten sind und man sie ohnehin nicht sieht. Außerdem brauchst du Socken, denn du möchtest auf keinen Fall irgendwem mit stinkenden Füßen und Schuhen die Wohnung verpesten. Trag also *immer* Socken.

PRINZIP 6:
Lerne Unangenehmes anzunehmen

»Alle, die am Rande der Komfortzone leben,
weisen das Hochstapler-Syndrom auf.
Solltest du es nicht haben,
musst du weiter gehen.«
Der spirituelle Minimalist

Der steifste Yogi aller Zeiten

Mit der Vision, mit *Vinyasa*-Yoga den Yogastil zu unterrichten, den ich bis dahin schon einige Jahre trainiert hatte, zog ich 2002 nach Los Angeles.

Das einzige Problem war mein Geheimnis: Meine hintere Oberschenkelmuskulatur war so fest wie ein Brett, was meinen Bewegungsradius sehr einschränkte. In den meisten Kursen, an denen ich teilnahm, war ich mit Sicherheit der steifste Yogi von allen. Wie sollte ich da irgendwem Yoga beibringen, wenn ich nicht einmal meine eigenen Zehenspitzen berühren konnte?

Ich beschloss, mein Defizit zu ignorieren und einfach den nächsten Schritt in Angriff zu nehmen. Vielleicht würde ich Flexibilität kultivieren (das hoffte ich zumindest).

Ich meldete mich vor Ort in meinem Yogastudio zu einer 200-stündigen Yogalehrerausbildung an. Wann immer ich, umgeben von meinen Mitschülern, eine Position vormachen musste, wurde ich nervös und unsicher und begann zu schwitzen. Ich betete darum, dass der Augenblick schnell verstreiche oder mein Körper irgendwie die physiologischen Gesetze überwinden möge, sodass sich mein Bewegungsradius spontan erweiterte. Natürlich passierte nichts dergleichen. Doch zu meiner Überraschung erwähnte beim Training nie jemand meine Unbeweglichkeit.

Was mir nach meinem Abschluss an Flexibilität mangelte, machte ich durch Betriebsamkeit wett. Ich unterrichtete jeden zu jeder Zeit, egal, ob ich Geld dafür bekam oder nicht, und war bereit, dafür durch die ganze Stadt zu fahren. Aber beim Unterrichten machte ich die Positionen nur selten vor, aus Angst, ich könnte als Hochstapler entlarvt werden.

Da passte es, dass ich mich schnell darin üben musste, Yogis mit unterschiedlichster Erfahrung verbal anzuleiten, gleichzeitig die Zeit gut einzuteilen und mich um meine Playlist zu kümmern (jede dieser Fähigkeiten kann einen Yogalehrer viele Jahre kosten, bis er sie meistert). Zugleich legte ich immer Wert auf ermutigende Worte wie etwa: »Im Yoga geht es nicht um die Positionen, sondern darum, sich mit etwas Tieferem in uns zu verbinden, mit etwas Authentischerem und einem Ort der Akzeptanz«, bla, bla, bla.

Glaubte ich das wirklich, oder fühlte ich mich eher wie ein Zahnarzt, der sich nicht traut zu lächeln, weil ihm zwei

Vorderzähne fehlen? Es kam ganz auf den Tag an. Doch trotz meiner Neurosen nahmen die Teilnehmerzahlen in den Kursen zu, aus zuerst ein paar Leuten wurden um die zehn. Im Jahr darauf hatte ich durchschnittlich fünfzehn Leute pro Kurs. Dann zwanzig. Entweder kannten die Leute mein Geheimnis, und es war ihnen egal, oder ich hatte mich in den David Copperfield der Yogalehrer verwandelt, der die Kunst beherrschte, aus nichts etwas zu zaubern.

Durch Gespräche mit meinen Schülern und Schülerinnen wurde mir langsam klar, dass mein so sorgsam gehütetes Geheimnis für die anderen längst keine solche Bedeutung hatte wie für mich. Was sie an mir schätzten, war meine Fähigkeit, fortgeschrittene Yogis aller Niveaus, aber vor allem auch Anfänger abzuholen.

Ich hatte die Gabe, jedem das Gefühl zu geben, dass er sich genau dort wohlfühlen konnte, wo er sich gerade befand. Die Neuen fühlten sich sicher in meinen Kursen, weil ich sie dazu ermutigte, es langsam anzugehen, und ich wendete mich *immer* extra den besonders Steifen zu. Die erfahreneren Schüler schätzten es, dass ich die Praxis als Metapher für die Bewältigung von Herausforderungen im Leben bezeichnete, für mehr Akzeptanz dafür, wo wir stehen, und weniger Urteile darüber, wo wir eingeschränkt sind.

Andere berichteten, ich sei viel weniger egozentrisch und mitfühlender als viele meiner biegsameren Kollegen. Und einige kamen nur wegen der guten Musik, die ich vor jedem Kurs stundenlang zu einer Playlist zusammenstellte – denn wenn du schon Musik abspielst, sollte sie auch richtig cool sein.

Wie sich herausstellte, war es eher von Vorteil als von Nachteil, nicht so geschmeidig zu sein.

»Es geht nicht darum, dass du dir etwas wünschst, was du nicht hast«, predigte ich, »sondern darum, dass du dich fragst: ›Wie kann ich aus dem, was ich jetzt habe, das Beste machen?‹« Dieses Mantra wiederholte ich im Unterricht immer wieder – ich selbst benötigte es ja am dringendsten.

Der entscheidende Moment, in dem ich endlich in der Lage war loszulassen, was mich seit meinem allerersten Yogakurs gequält hatte, ereignete sich etwa vier Jahre nachdem ich zu unterrichten begonnen hatte. Es passierte bei einer Wanderung bei Sonnenuntergang zusammen mit meinem Kumpel Will, der einer meiner Yogamentoren war.

Er kannte mein Geheimnis, und obwohl wir bis dahin noch nie darüber geredet hatten, fragte er mich halb im Scherz: »Na, wie fühlt es sich an, einer der beliebtesten Yogalehrer von Los Angeles zu sein und nicht mal bis zu den eigenen Zehen zu kommen?« Ich erinnere mich noch, wie sich mir das Herz zusammenzog. Mir fehlten die Worte.

Er spürte meine Bedrängnis und beantwortete nach einem Moment peinlicher Stille, in dem ich nach der perfekten »spirituellen« Antwort suchte, seine Frage selbst: »Weißt du, was mir ein weiser Mann mal gesagt hat? Um Michael Jordan für die Baseballmeisterschaft coachen zu können, brauchst du ihn nicht zu schlagen.«

Das war der Moment, in dem ich das Unangenehme plötzlich annehmen konnte und mich damit abfand, der steifste Yogalehrer von ganz Los Angeles zu sein.

Das wirft folgende Frage auf: Was, wenn *dein* größtes

Geheimnis auch dein größter Vorzug wäre? Als spiritueller Minimalist muss ich bereit sein, mich dem Unbehagen der Ungewissheit zu stellen und den Sprung in Richtung meiner Bestimmung zu wagen. Für dich bedeutet das, dass du bereit sein musst, deiner Neugier auch dann nachzugehen, wenn du keine Ahnung hast, was dabei herauskommt – und das ist meist der Fall. Und wenn du es dir zumutest, auf dein Herz zu hören und dies zu deinem Lebensstil zu machen, *musst* du dich mit dem Unbehagen anfreunden. Für mich als spirituellen Minimalisten ist genau dieses unangenehme Gefühl der Anzeiger dafür, dass ich mich tatsächlich auf mein Potenzial zubewege.

Das Herz schaut hin

Hast du schon mal eine große Verantwortung übernommen, einen großen Plan oder ein Ziel von dir verkündet, aber niemand löchert dich begeistert mit Fragen, sondern es ist so still, dass man die Grillen hören kann? In solchen Augenblicken ist die Versuchung groß, dein Ziel oder den großen Plan infrage zu stellen oder dich aus der Verantwortung zu ziehen.

Ich verrate dir ein Geheimnis: Du wirst gerade getestet – *die Welt* testet dich. Die Gesellschaft will sehen, wie ernst es dir ist, ob du einfach nur so eine Idee herausposaunst, weil du auf »Likes«, auf Anerkennung und Applaus aus bist, oder ob du deiner Vision wirklich verpflichtet bist und dich etwas innerlich dazu treibt, den beschwerlichen Weg auf dich zu nehmen.

Wir wollen sehen, dass du dich von unserer kühlen Reaktion nicht abbringen lässt, dass dich ein bisschen Zurückweisung nicht aufhalten kann und dass ein Mangel an Unterstützung dich nicht ausbremst. Wir wollen sehen, dass du es trotzdem angehst, auch wenn niemand hinzuschauen oder es niemanden zu interessieren scheint.

Und wenn du es dann trotzdem tust, selbst wenn du manchmal das Gefühl hast, komplett allein damit zu sein, wird deine unstillbare Leidenschaft am Ende eine helfende Kraft anziehen. Und schon kommen weitere hinzu.

So entstehen 99 Prozent aller Bewegungen, sie beginnen mit einer Person, die so leidenschaftlich an eine Veränderung glaubt, dass sie sich von dem Unbehagen, sich zu exponieren, nicht abhalten lässt, den Sprung nach vorn zu wagen.

Als spiritueller Minimalist muss ich Geschick im Springen entwickeln. Ich darf nicht daran denken, dem inneren Ruf untreu zu werden, egal wie unangenehm mir der Gedanke eines Scheiterns sein könnte. Stattdessen überlasse ich mich, wenn die Zeit reif ist, diesem unangenehmen Gefühl und ermögliche es meinem Herzen, mich auf dem nächsten Schritt meines Weges zu leiten.

Vielleicht beachtet die Welt dich jetzt nicht, dein Herz aber tut es immer – und genau das benötigt die Welt dringend: Menschen, die keine Angst davor haben, ihrem Herzen treu zu sein.

Aktion: die ruhende Hocke

Die Anweisung, dass wir lernen sollten, Unangenehmes anzunehmen, nehmen wir sehr wörtlich und üben uns durch längeres Sitzen in der Hocke darin.

Hast du mal versucht, länger in der Hocke zu sitzen? Obwohl wir mit ausreichender Hüftbeweglichkeit geboren sind, um uns in der Hocke niederlassen zu können, verlieren wir mit zunehmendem Alter durch unseren westlichen Lebensstil diese Fähigkeit. Das viele Sitzen auf dem Stuhl, im Auto und am Schreibtisch reduziert die Beweglichkeit der Hüftgelenke und verspannt sie. Damit belasten wir die Fußgelenke, Knie und den Rücken, was mit der Zeit zu großen gesundheitlichen Problemen führen kann.

Aber da du ja jetzt den spirituellen Minimalismus aktiv praktizierst, ist es an der Zeit, das Gleichgewicht im Universum wiederherzustellen, indem du deine Hüftbeweglichkeit zurückgewinnst. Die ruhende Hocke ist erwiesenermaßen eine der günstigsten Dehnungen, die du täglich machen kannst und solltest, vor allem bei der ganzen Flaniererei, bei der du deiner Neugier nachgegangen bist (siehe »Aktion: Flanieren« im Kapitel »PRINZIP 5«, um mehr über das Flanieren zu erfahren).

Das Sitzen in der Hocke hilft dir, deine Haltung, Flexibilität, Mobilität und den Stoffwechsel zu verbessern und außerdem Kalorien zu verbrennen. Dein Unterkörper und deine Mitte werden dadurch gestärkt, und du wirst weniger anfällig für Verletzungen und Krankheiten. Falls du Knie- oder Rückenbeschwerden bekommen solltest oder insgesamt beweglicher werden möchtest, aber bisher keine Zeit für Yoga gefunden hast, sind fünf Minuten Sitzen in der Hocke die Dehnung der Wahl, die du mit entsprechender Bewegungsfreiheit in deine Morgenroutine einbauen solltest.

Kurzanleitung für die ruhende Hocke

Stehe aufrecht, mit den Füßen schulterbreit auseinander (oder etwas breiter, falls deine Hüftgelenke besonders verspannt sind). Dann hocke dich hin, bis die Knie komplett gebeugt sind. Halte dabei den Rücken so gerade wie möglich.

Wenn du die Knie nicht so weit beugen kannst, ohne dass die Fersen sich vom Boden abheben, kannst du dich auf einen Yogablock oder einen niedrigen Tisch setzen oder dir unter jede Ferse ein Buch oder ein Handtuch legen. Wichtig ist, dass sich die Knie oberhalb der Hüftgelenke befinden.

Nun führe die Oberarme an der Innenseite der Beine entlang, leg die Handflächen vor der Brust aneinander und bete um Gnade dafür, dass du deine Hüften so lange vernachlässigt hast. Aber jetzt mal ernsthaft: Versuch anfangs dreißig Sekunden in der Hocke zu bleiben. Stütz dich dann mit den Händen ab, um dich nach hinten abzusetzen. Verlagere das Gewicht auf eine Seite und steh vorsichtig auf.

Dein Ziel mag sein, direkt aus der Hocke wieder aufstehen zu können, ohne die Hände zu Hilfe zu nehmen. Erlaube es dir aber anfangs ruhig, dich auf den Boden zu setzen und, bevor du aufstehst, so lange sitzen zu bleiben, bis die Beine wieder gut durchblutet sind. Wenn du es zu schnell versuchst, könnte dir sonst leicht schwindlig werden.

In der Hocke zu sitzen kann ziemlich anstrengend und unangenehm sein, deshalb lässt sich damit gut üben, das Unangenehme anzunehmen. Aber ich habe einen Tipp für dich, wie du die Zeit schneller herumbekommst, denn vermutlich ist dir dieses Ausmaß an Unannehmlichkeit eher neu. Bist du erst einmal (nach mehreren Wochen oder Monaten täglicher Übung) so weit, dass du es fünf Minuten in der Hocke aushältst, empfehle ich dir, dir währenddessen auf YouTube einen fünfminütigen Song oder ein ebenso langes Lehrvideo anzuschauen.

Später kannst du das Ganze auch (wenn dir das lieber ist) als Meditation in der Hocke betrachten, ohne dich abzulenken. Wichtig ist nur, dass du dir Zeit dafür nimmst, die Beweglichkeit deiner Gelenke zu steigern. Wenn du eine Ablenkung oder Extrastimulation brauchst, um die Spanne von fünf Minuten zu erreichen, ist das nur ein geringer Preis für langfristige Mobilität und Gesundheit.

Feierstunde

Wenn du heute die Treppe nehmen musst, feiere einfach deine Beine. Wenn du etwas Schweres heben musst, feiere deine Kraft. Wenn du etwas allein zu tun hast, feiere deine Unabhängigkeit. Wenn du die Gesellschaft von jemandem aushalten musst, der dich nervt, feiere deine Geduld. Und wenn das Leben dir eine Zitrone gibt, mach Limonade draus. Auch das ist spiritueller Minimalismus.

Ein Ja, das Angst macht

Laut so manchen Motivationsrednern sollte man eine Idee oder einen Vorschlag, die nicht gleich ein »Ja, zum Teufel« hervorrufen, gar nicht erst weiterverfolgen. Das klingt zwar ganz nett, aber als spiritueller Minimalist finde ich es einfach und selbstverständlich, nach einem »Ja, zum Teufel« auch zu handeln. Wenn ein so sonnenklares Ja da ist, handle ich natürlich dementsprechend.

Was ich dagegen besonders spannend finde, ist das »Ja, das Angst macht«.

Magst du vielleicht zum Eisbaden gehen im Winter?

Wie wäre es, wenn du endlich den Podcast startest, den du dir schon seit drei Jahren vorgenommen hast?

Wie wäre es, eine Therapie anzufangen, um herauszufinden, warum du dir für eine Beziehung immer einen Narzissten oder eine Narzisstin suchst?

Oder (endlich mal) an einer Entziehungskur teilzunehmen?

Das sind Jas, die Angst machen, denn sie zwingen dich aus der Komfortzone in die Wachstumszone. Wenn du aber auf ein solches Ja hin handelst, entdeckst du ein paar sehr interessante Dinge: 1) Du hast keine Angst mehr; 2) du bist eher bereit, noch weitere Dinge zu tun, die Angst machen; 3) wenn dir etwas nicht wenigstens zu Beginn Angst macht, wirst du daran vermutlich auch nicht wachsen. Sag daher öfter »Ja« zu den Dingen, die dir Angst machen – nicht etwa, weil sie gefährlich sind, sondern weil sie dir helfen, Zugang zu deinem Potenzial zu finden.

Zähle die Wiederholungen

Wie kannst du eine Optimierung deiner geistigen und körperlichen Gesundheit lebenslang sicherstellen? Ganz einfach: Beweg dich. Tägliche Bewegung ist für alle, die den spirituellen Minimalismus ernst nehmen, eine Pflicht. Und warte nicht, bis dir danach ist, denn die meiste Zeit wirst du keine Lust haben, denken, du hättest keine Zeit, oder nicht wissen, wie du dich bewegen sollst.

Weiter unten beschäftigen wir uns damit, wie wir uns spirituell-minimalistisch fit machen können. Allerdings nutze ich hier als spiritueller Minimalist etwas, womit ich mir das Training inspirierender gestalte: Ich zähle die Wiederholungen der einzelnen Übungen auf besondere Weise.

Statt einfach in Ziffern durchzuzählen, füge ich den Zahlen Affirmationen hinzu. Mit anderen Worten: Normalerweise zählt man, wenn man fünf Liegestütze macht, von eins bis fünf durch. Daran ist natürlich nichts auszusetzen, aber wie wäre es, wenn du mit deiner Liegestützabfolge auch deine Segenssprüche zählen würdest? Du könntest also sogar während deiner Körperübungen weniger tun und mehr erreichen! Du brauchst bloß die Ziffern durch die einzelnen Wörter der von dir gewählten Affirmation zu ersetzen.

Statt also im vorliegenden Fall von eins bis fünf zu zählen, wählst du eine aus fünf Wörtern bestehende Affirmation und behandelst jedes einzelne Wort wie eine dieser Ziffern:

1. Ich
2. bin
3. die
4. Liebe
5. wert

Statt also 1–2–3–4–5 zu zählen, zählst du laut oder leise »Ich–bin–die–Liebe–wert«. Diese Affirmation wiederholst du immer dann, wenn du eine Übung fünfmal hintereinander machst. Und weißt du auch, was das mit dir macht? Du stärkst dich körperlich *und* emotional, denn am Ende deiner Übungsreihe fühlst du dich glücklicher.

Da wir normalerweise nicht so zählen, kommt man sich zu Beginn albern vor. Aber »normal« ist hier gleich »undankbar«. Man muss sich daher fragen, ob man normal und undankbar oder ungewöhnlich und dankbar sein möchte. Denn als spiritueller Minimalist tue ich eine Menge Dinge, die unnormal sind. Im Normal-Sein gibt es keine Liebe. Und keine Achtsamkeit. Und keine Dankbarkeit. Was wiederum die Frage aufwirft: Warum sollten wir überhaupt in irgendeinem Lebensbereich nach Normalität streben?

Wenn wir dagegen die Achtsamkeit und Dankbarkeit in unsere einfachsten Alltagsaufgaben wie Hausarbeiten, Routinen und Gewohnheiten mit hineinnehmen, optimieren wir jeden Augenblick des Tages. Die einfache Erfahrung des Aufräumens wird so zu einem Höhepunkt des Tages. Eine Reihe von Liegestützen kann transformierend wirken.

Als spiritueller Minimalist trainiere ich mich darin, im Gegensatz zu dem, was die meisten normalen Menschen tun, die ihre Lebensqualität von außen nach innen beurteilen, *alles* im Leben von innen heraus anzugehen.

Falls du bereit bist für das Experiment, hier noch einige weitere Affirmationen, mit denen du andere Übungsabfolgen zählen kannst.

Falls dich diese Affirmationen nicht ansprechen, nimm dir Zeit und verfasse selbst welche, die vielleicht auch besser zur Anzahl deiner Übungswiederholungen passen. Schreib sie dir auf und leg den Zettel beim Trainieren in greifbare Nähe. Mit etwas Übung wirst du sie auswendig können, und das Training wird nicht mehr nur einfach aus langweiligen Bewegungsabfolgen bestehen, sondern als zusätzliche spirituelle Erfahrung doppelt wirkungsvoll sein.

1. Ich 2. bin 3. gesegnet	1. Ich 2. werde 3. geliebt
1. Dankbarkeit 2. ist 3. meine 4. Super- 5. Kraft	1. Ich 2. erschaffe 3. mir 4. meine 5. Zukunft
1. Ich 2. verdiene 3. glücklich 4. zu 5. sein	1. Ich 2. bin 3. die 4. Liebe 5. wert
1. Ich 2. werde 3. immer 4. zur 5. rechten 6. Zeit 7. am 8. rechten 9. Ort 10. sein	1. Ich 2. mag 3. mich 4. mit 5. allem 6. wie 7. und 8. was 9. ich 10. bin

Was ich immer bei mir habe: ein Fitnessband

Als spiritueller Minimalist bin ich ständig in Bewegung. Das bedeutet nicht, ständig auf Reisen zu sein, sondern immer in dem Bewusstsein zu leben, wie wichtig tägliches Fitnesstraining ist. Die meisten Menschen gehen dafür in ein Fitnessstudio in ihrer Nähe. Ich dagegen habe mein Fitnessstudio, ganz gleich, wo ich gerade bin, immer bei mir, und zwar mithilfe eines einfachen, aber wirksamen Fitnessbandes.

Ein solches Band verwandelt jedes ansonsten gewöhnliche, unscheinbare Zimmer eines Hotels oder Airbnbs in ein Mini-Fitnessstudio, wo ich eine Reihe von Resistenz-Übungen durchführen kann, die mir helfen, alle wichtigen Körperteile zu stärken. Dabei wiegt das Fitnessband so gut wie nichts und nimmt nur geringfügig Platz im Rucksack ein. Es ist vielseitig einsetzbar für ein umfassendes minimalistisches Work-out. Hier fünf Übungen, die du unter Nutzung deines getreuen Fitnessbandes in den nächsten fünf Tagen ausprobieren kannst.

Beine-Tag: Hocke mit Band

Stell die Beine etwas breiter als schulterbreit auf, die Zehen zeigen leicht nach außen. Trete mit beiden Füßen auf das Band und schling dir den Rest des Bandes um die Schultern. Streck die Brust heraus und halte den Rücken möglichst gerade, während du langsam die Knie beugst, als wolltest du dich auf einen imaginären Stuhl hinter dir setzen. Halt an, bevor es zu anstrengend wird, und drück dich dann, indem du dich mit beiden Füßen ganzflächig abstößt, wieder zurück in die stehende Position. Achte darauf, dass du bei der Übung die Knie nicht einknicken lässt und den Rücken nicht rund machst. Falls eins von beidem passiert, brauchst du wahrscheinlich ein leichteres Band, oder du übst die Lufthocke zunächst ohne Fitnessband, um die Bewegungsabfolge zu verstehen. Fang mit 25 bis 50 Wiederholungen an, die du in Fünfersets aufteilst. Zähl sie mithilfe von Affirmationen, wie oben beschrieben, und nicht in Ziffern (vgl. den Abschnitt »Zähle die Wiederholungen« auf den vorhergehenden Seiten).

Schulter-Tag: Schulterdrücken im Sitzen

Trete in dein Band hinein, als wäre es eine Hose, leg es dir um den Po und setz dich dann im Schneidersitz darauf. Der obere Teil des Bandes sollte dir jetzt lose auf den Oberschenkeln liegen. Leg die losen Bandenden jetzt knieweit auseinander und fass sie jeweils in der Nähe der Knie. Dreh die Arme so, dass die Fingerknöchel nach oben zeigen, während du deine Hände in Knieentfernung auseinanderhältst, und heb das Band bis direkt unterhalb des Kinns. (Es sollte jetzt gegen die Außenseite deiner Unterarme drücken.) Nun mach den Rücken gerade, schieb die Brust nach vorn und streck die Arme zum Himmel. Beug nach kurzem Innehalten in der Streckung die Ellbogen, bis sich das Band direkt unterhalb deines Kinns befindet. Du solltest die Bewegung in den Schultern und nicht im Rücken spüren. Wenn irgendetwas wehtut, hör auf und mach stattdessen Pike-Push-ups (Variationen findest du bei YouTube). Ansonsten fahr mit der nächsten Sequenz fort, indem du die Arme nach oben streckst und dann nach unten bewegst. Schau, ob du in Fünfersets 25 bis 50 Wiederholungen schaffst.

Rücken-Tag: vorgebeugtes Rudern oder Klimmzüge mit Band

Setz dich mit ausgestreckten Beinen hin und leg dir das zu einer Linie gefaltete Fitnessband um die Füße. Die Enden des Bandes sollten nun zu beiden Seiten der Füße herausschauen. Greif jedes jeweils mit einer Hand und dreh die Fäuste so, dass die Handflächen nach unten schauen. Oder lass deine Hände am Band entlang zu den Füßen gleiten, wenn du eine größere Herausforderung brauchst. Setz dich nun so aufrecht hin wie möglich, spann deine Mitte an, streck die Brust heraus und bewege die Ellbogen langsam nach hinten, als wolltest du mit dem Band rudern. Dabei bewegen sich die Schulterblätter aufeinander zu, und die Arme sind gebeugt. Dann kehr zur Ausgangsposition zurück, indem du die Arme in Richtung der Füße streckst, und wiederhol die Bewegung. Lass dabei die ganze Zeit die Brust herausgestreckt, die Schultern nach hinten gezogen und halt die Spannung in der Mitte. Schau, ob du 25 bis 50 Fünfersets schaffst.

Alternativ zu dieser Übung kannst du dein Band auch für Klimmzüge nutzen. Falls du eine entsprechende Stange hast, wickle das Band so um die Stange, dass du es durch die eigene Schlaufe ziehen kannst. Stell einen Fuß oder ein Knie in die herunterhängende Bandschlaufe, greif die Stange mit beiden Händen und zieh dich hoch. Schau, ob du in Fünfersets 25 bis 50 Wiederholungen schaffst.

Brust-Tag: Liegestütze mit Band

Falls du keinen regulären Liegestütz mit gestreckten Beinen schaffst, brauchst du jetzt das Band nicht. Schau, ob du ohne Band 25 bis 50 Liegestütze in Fünfersets schaffst. Wenn du dabei die Knie auf den Boden aufstützen möchtest, damit dein Oberkörper eine gute Form beibehalten kann, dann pass die Übung ruhig so an. Du wirst mit der Zeit in den Armen und in der Brust stärker werden und bald die regulären Liegestütze schaffen. Falls dir der normale Liegestütz relativ leichtfällt, probier ihn mit Band. Dabei legst du dir das Band um die Schultern und hältst in jeder Hand ein Bandende. Geh nun in den Liegestütz mit gestreckten Beinen und schau, ob du in normalem (nicht schnellem) Tempo 25 bis 50 Liegestütze schaffst, die du in Fünfersets aufteilst, und dabei eine gute Form beibehalten kannst. Das wird schwerer sein, als du denkst, denn das Band leistet jedes Mal, wenn du dich hochdrückst, noch zusätzlich Widerstand.

Arm-Tag: Bizeps-Curls mit Band und Trizepsziehen

Und zu guter Letzt kommen in unserem spirituell-minimalistischen Ganzkörper-Work-out auch noch die Arme dran. Für einen starken Bizeps und Trizeps empfehle ich Bizeps-Curls mit Band, gefolgt von Trizepsziehen. Dafür brauchst du nichts weiter als dein Band und eine Tür.

Bizeps-Curls: Führ das Fitnessband unter der weit geöffneten Tür durch und hake es in etwa zehn Zentimeter Höhe ein. Stell dich etwa dreißig Zentimeter vor die offene

Tür (sodass du beide Türgriffe sehen kannst), greif das Band mit jeder Hand so, dass du eine gewisse Spannung spürst. Steh mit den Füßen fest am Boden, beug mit geradem Rücken und leicht gebeugten Knien deine Arme und zieh das Band zur Brust. Kehr in die Ausgangsposition zurück und wiederhol die Übung.

Versuch, den Oberkörper bei dieser Vor- und Rückwärtsbewegung der Arme nicht mitgehen zu lassen. Bleib aufrecht stehen und lass deinen Bizeps (die Vorderseite der Oberarme) die *ganze* Arbeit tun. Es sollten sich also nur die Unterarme abwechselnd in Richtung Brust und wieder zurück in die Startposition bewegen. Wenn das zu anstrengend ist, kannst du das Band etwas lockern, bis du das richtige Maß an Spannung gefunden hast, um die Übung fünfmal hintereinander machen zu können, ohne ins Schwanken zu kommen. Falls du keine Tür zur Verfügung hast, kannst du dich mit einem Fuß vorwärts auf das Band stellen und die Übung so ausführen. Versuche 25 bis 50 Wiederholungen, die du in Fünfersets aufteilst.

Trizepsziehen: Entferne nun das Band von der Unterseite der Tür und hake es von oben ein. Du nimmst dieselbe Haltung ein wie eben, nur dass du das Band diesmal mit angewinkelten Ellbogen fasst und nun bei einer leichten Vorwärtsbewegung des Oberkörpers die Arme in Richtung der Füße streckst. Dabei wird der Trizeps (die Hinterseite der Oberarme) aktiviert. Nach der vollständigen Streckung der Arme beugst du die Ellbogen wieder in die Ausgangsposition und wiederholst die Übung. Probiere, ob du 25 bis 50 in Fünfersets aufgeteilte Wiederholungen schaffst.

Damit du optimal in Form bist, solltest du dieses Ganzkörper-Work-out jede Woche wiederholen und so weit steigern, dass du jede Übung hundertmal machen kannst. Je stärker du wirst, desto mehr Variationen kannst du ausprobieren und auch mit der Anzahl der Wiederholungen und den Ruhephasen spielen. Mach dir die oben genannte Art des Zählens mit Affirmationen zu eigen. Bei YouTube findest du Videos mit jeder Menge Varianten.

Ich widme den einzelnen Körperteilen jeweils immer denselben Wochentag, damit ich nicht lange überlegen muss. Ich weiß, dass der Montag der Brust-Tag ist und der Dienstag der Beine-Tag. Mittwochs geht es um den Rücken. Donnerstags mache ich asymmetrische Beinübungen wie zum Beispiel Ausfallschritte. Und freitags sind die Arme dran. Egal, wo ich gerade bin oder wie viel ich zu tun habe, als spiritueller Minimalist nehme mir zehn bis fünfzehn Minuten Zeit für meine Übungen. Und das könntest du auch tun.

PRINZIP 7:
Freiheit von der Wahlfreiheit

> »Wenn du alles tust, was in deiner Macht steht, damit es läuft, und es läuft trotzdem nicht, dann versucht das Universum gerade, dir den Hintern zu retten.«
> **Der spirituelle Minimalist**

Wenn du deine Bestimmung findest

Am Donnerstag, dem 1. Dezember, stieg die zweiundvierzigjährige Rosa Parks nach der Arbeit gegen 18 Uhr in den Bus Richtung Cleveland Avenue in der Innenstadt von Montgomery, Alabama. Es war das Jahr 1955, eine Zeit, zu der PoC in einem Stadtbus nicht in den vorderen Reihen sitzen durften. Mrs Parks bezahlte ihr Ticket und setzte sich in die erste Reihe der für »farbige« Fahrgäste vorgesehenen Plätze.

Während der Bus die Avenue hinunterrumpelte, wurde der »nur für Weiße« vorgesehene Teil immer voller, und der Busfahrer bemerkte, dass zwei oder drei weiße Männer standen. Daher forderte er an der nächsten Haltestelle die vier PoC-Fahrgäste, die in der ersten Reihe des »farbigen«

Abschnitts saßen, auf, ihre Plätze für die weißen Fahrgäste frei zu machen. Drei von ihnen kamen der Aufforderung nach, Mrs Parks nicht. Später sagte sie, sie habe eine Entschlossenheit verspürt, die ihren Körper wie eine warme Decke in einer Winternacht umfangen habe.

»Warum stehen Sie nicht auf?«, blaffte sie der Fahrer an. Als sie antwortete, es sei nicht recht, dass sie ihren Platz aufgeben solle, ließ er Mrs Parks von der Polizei verhaften.

Rosa Parks konnte nicht ahnen, dass dieser eine Akt des Widerstandes eine der größten und erfolgreichsten Massenbewegungen in der US-amerikanischen Geschichte auslösen würde: einen 381 Tage dauernden stadtweiten Busboykott, der dem bis dato unbekannten sechsundzwanzigjährigen Reverend Martin Luther King Jr. zu internationalem Ansehen verhalf und schließlich in den Marsch auf Washington mündete, wo King eine der berühmtesten Reden des 20. Jahrhunderts hielt, sowie in die Verabschiedung des Voting Rights Act, einen Friedensnobelpreis, einen Nationalfeiertag und noch vieles mehr.

»Die Leute sagen immer, ich hätte meinen Platz nicht hergegeben, weil ich müde war«, erinnerte sich Mrs Parks. »Aber das stimmt nicht. Ich war nicht müder als sonst am Ende eines Arbeitstages. Nein, ich war es nur müde, immer nachzugeben.«

Manchmal verwechseln wir unsere Arbeit mit unserer Bestimmung. Aber Rosa Parks arbeitete als Näherin. Sie war keine Unternehmerin und keine Berühmtheit. Und doch war es ihr Akt des Widerstandes an jenem schicksalhaften Tag, der den Anstoß zur modernen Bürgerrechtsbewegung gab. Von dieser Bestimmung hatte sie noch nicht einmal etwas geahnt, bevor sie in diese Lage geriet: im Bus auf dem Weg nach Hause nach einem langen Arbeitstag, als sie es plötzlich müde war, immer nachzugeben.

Heutzutage verbringen viele Leute viel Zeit damit, nach ihrer Bestimmung zu suchen, und sie fragen sich, ob und wann sie sie wohl finden werden – fast so, als wäre es so eine Art kosmische Ostereiersuche. Als spiritueller Minimalist pflege ich einen anderen Zugang. Zunächst verschaffe ich mir absolute Klarheit über meine Grundprinzipien und Werte. Dann brauche ich nur, so gut ich kann, nach ihnen zu leben. Und solange ich, während ich meiner Neugier nachgehe, meinen Wertvorstellungen treu bleibe, kann ich auch davon ausgehen, dass ich, genau wie Rosa Parks, am Ende genau dort lande, wo ich hingehöre.

Mit anderen Worten: Wenn eine Entscheidung mit meinen Wertvorstellungen übereinstimmt, dann handele ich, egal wie beängstigend oder unbequem es wird. Fühlt es sich aber *nicht* übereinstimmend mit meinen Werten an, dann lasse ich es sein, egal wie verlockend oder einträglich es wäre. Auch wenn es sich zunächst beengend anfühlen könnte, nach den eigenen Grundwerten zu leben, ist es in Wahrheit sehr befreiend. Denn nun brauche ich mich nicht mehr zu fragen, ob ich das Richtige tue. Ich habe es bereits fest beschlossen, da meine Werte es so vorgeben. Und meine Entscheidung, die eigenen Werte zu beachten, schenkt mir Freiheit: die Freiheit von der Wahlfreiheit.

Egal, was passiert, die eigenen Werte geben die entsprechende Handlungsweise vor. Einer dieser Werte könnte beispielsweise sein, dass du immer zu deinem Wort stehst. Zunächst fühlt sich das vielleicht wie eine Einschränkung an. Lebst du diesen Wert aber, wirst du sehr vorsichtig in dem, was du versprichst. Das wiederum verleiht deinen

Worten mehr Gewicht. Denn hast du es erst einmal gesagt, wird es auch gemacht. Du brauchst nicht weiter darüber nachzudenken. Ein anderer Wert könnte darin bestehen, dass du dich gegen Ungerechtigkeiten zur Wehr setzt. Das heißt nicht, dass du es mit allen Ungerechtigkeiten der Welt aufnehmen musst. Aber wenn du so einen Tag hast wie Mrs Parks, an dem du es müde bist, immer nachzugeben, und an dem die Stimme deines Herzens dich drängt, ein Zeichen zu setzen, dann tu es. Entscheide dich, deinen Prinzipien und Werten treu zu bleiben. Dann hast du keine Wahl mehr. Und schon kannst du davon ausgehen, dass du deine Bestimmung lebst.

Um nach deinen Grundprinzipien und Werten leben zu können, musst du sie erst einmal kennen. Hier ein kurzes Gedankenexperiment, das dir helfen kann, sie zu identifizieren: Stell dir vor, du wohnst deiner eigenen Trauerfeier als Zeuge bei. Deine Familie und Freunde halten Reden und erzählen Dinge aus deinem Leben. Was würde dir gefallen? Hättest du gern, dass sie sagen, wie großzügig du warst? Dass du im Alltag immer humorvoll mit allen möglichen Lebenslagen umgingst? Wie oft du Mühen auf dich nahmst, um Menschen in Not zu helfen? Dass du immer dein Wort gehalten hast?

Nimm dir Zeit und schau, welche Themen auftauchen, wenn du dir vorstellst, was andere am Ende deines Lebens über dich sagen würden. Diese Themen stellen deine Grundprinzipien und Werte dar. Schreib dir so viele auf, wie du magst, und fass sie zusammen. Am Ende kommst du vielleicht auf drei bis fünf Grundwerte, wie zum Beispiel:

Immer noch einen Schritt weitergehen
Jeweils das Beste in anderen sehen
Meiner Intuition trauen
Ungerechtigkeiten die Stirn bieten
Mich selbst nicht so ernst nehmen

Zugleich solltest du ein Leben nach deinen Werten nicht als Gefängnisstrafe betrachten, denn es sind *deine* Werte, du hast sie auf der Grundlage dessen festgelegt, wie du am Ende anderen in Erinnerung bleiben möchtest. Im Gegenteil, zu wissen, wofür du stehst und bereit bist zu kämpfen, birgt eine enorme Freiheit. Wenn du dir über deine Werte im Klaren bist, wirst du deine Aufmerksamkeit und Energie auf das lenken können, was dir wirklich wichtig ist, und keine Energie auf Dinge verschwenden, die sich nicht im Einklang befinden mit dem, wofür du hier bist.

Welchen Eindruck du am Ende hinterlässt

Wie verabschiedest du dich, wenn ein Geschäft oder eine Liebesbeziehung zu Ende ist? Mit Anmut? Mit rücksichtsvoller Anteilnahme? Indem du deine Verpflichtungen einhältst?

Wir wollen immer gern einen ersten guten Eindruck machen, unterschätzen aber manchmal die anhaltende Wirkung des letzten Eindrucks, den wir hinterlassen.

Wenn wir etwas Nennenswertes tun, werden wir mit der Zeit einen Ruf erwerben, mit dem wir andere, die uns nie persönlich erlebt haben, entweder inspirieren oder abschrecken.

Ein »schlechter« Ruf ist meist das Ergebnis wiederholten Scheiterns darin, einen guten letzten Eindruck zu hinterlassen. Kann beispielsweise jemand Folgendes über dich sagen?

»Sie hat ohne zweiwöchige Vorlaufzeit gekündigt.«

»Er hat per Textmessage Schluss mit mir gemacht.«

»Er hat sich nie bei mir bedankt, obwohl ich einiges auf mich genommen habe, um ihm zu helfen.«

»Sie ist nicht zu unserem Treffen erschienen und hat nicht einmal abgesagt.«

Ein solcher Eindruck, der für immer an uns hängen bleiben kann, ist meist nur ein lächerlich kleines Versehen, das sich auch noch leicht aus dem Weg räumen lässt, indem wir uns bedanken, unser Gegenüber vorwarnen, uns entschuldigen oder einfach nur zuhören.

Mit dem ersten Eindruck wird der Ton angegeben, aber der letzte ist derjenige, durch den der Ruf zementiert wird. Wie du eine Freundschaft, Partnerschaft oder Beziehung beendest, ist viel wichtiger als ihr Beginn. Spirituell-minimalistisch gesehen wird uns tagtäglich eine neue Gelegenheit geboten, unsere bisherige Wirkung auf andere zu verbessern und unseren Ruf so zu gestalten, dass er am besten widerspiegelt, wie wir anderen letztlich in Erinnerung bleiben wollen.

Welche Geschichte auch immer hinter einem Ende steckt, denk dran, dass sie weitererzählt und mit jedem Mal mehr ausgeschmückt wird. Die Auswirkung kann erstaunlich sein, wenn du mit Anstand gegangen bist, oder unnötig peinlich, wenn die Sache unschön geendet ist.

Statt jahrelang zur Gerüchteküche Stellung zu nehmen, tu einfach jetzt, was du schon damals hättest tun sollen, um das Chaos zu bereinigen: Entschuldige dich, verzeihe, erkenne die Erfahrung deines Gegenübers an, sei ehrlich, was deine Erfahrungen angeht, usw. Natürlich fällt es dem Ego meist schwer, sich dem Chaos zu stellen, und es ist zeitaufwendig. Aber ein solches Verhalten schenkt dir die Freiheit, mehr von dem zu tun, wozu du hier bist, und festigt dir gleichzeitig einen Ruf, der dir auf deinem Weg zu Unterstützung verhilft.

Wendepunkt

Für meine Podcast-Interviews suche ich mir immer ganz normale Leute aus, die ihre Bestimmung gefunden haben, indem sie ihrem Leben auf eine außergewöhnliche Weise eine Wende gaben – was in der Regel bedeutet, dass sie einen Punkt im Leben erreichten, an dem sie begannen, ihren Werten entsprechend zu leben.

In den meisten Fällen gab es einen Tag, an dem sie sich – wie Rosa Parks in der Geschichte zu Beginn dieses Kapitels – in eine Ecke getrieben fühlten. Vielleicht hätten sie sich selbst belügen oder so tun können, als wäre nichts passiert. Doch sie sagten: »Genug ist genug. Jetzt mache ich es anders als bisher. Von jetzt an erzähle ich mein Leben anders und stelle mich meiner Wahrheit.«

Und so boten sie einer Ungerechtigkeit die Stirn, leisteten eine Wiedergutmachung, fingen etwas an, das sich zu einer ganzen Bewegung auswuchs, verpflichteten sich einer größeren Mission oder empfanden Aufgeben als keine Option mehr. Was auch immer es war, dieser Tag wurde zu einem Wendepunkt in ihrem Leben.

Und wenn sie dann bekannt genug sind, um Bücher zu schreiben, Reden zu halten und Podcast-Interviews zu ihrer Geschichte zu geben, erzählen sie ihren »Rosa-Parks-Moment« wieder und wieder. Genau das wollen die Leute hören. Was an jenem Tag dazu führte zu beschließen: »Jetzt ist das Maß voll.« Mit was für Hindernissen sie es zu tun hatten. Wie sie den Mut fanden zu sagen: »Das Maß ist voll.«

Hier die wichtigste Erkenntnis: Der Tag, an dem ich beschließe, dass ich es müde bin nachzugeben, kann, je mehr ich mich meiner Schmerzgrenze nähere, auch heute sein.

Als spiritueller Minimalist habe ich die Chance, heute etwas zu tun, das den Rest meines Lebens verändert. Heute kann ich eine Grenze ziehen und bestimmen, was ich nicht mehr ertragen will.

Bin ich mutig genug, dazu zu stehen, kann ich in fünf oder zehn oder zwanzig Jahren Geschichten über das erzählen, was sich heute zugetragen hat – Geschichten, die andere zum Staunen bringen und sie inspirieren, ihnen das Gefühl geben, dass auch sie den Mut finden können, den ich heute gezeigt habe.

Oder heute ist nur ein Tag unter den vielen, die in Vergessenheit geraten, weil ich nicht für mich eingestanden bin, den Sprung ins Ungewisse nicht gewagt habe, weil ich dem Status quo erlaubt habe, weiterhin über den Verlauf meines Lebens zu bestimmen.

Egal wie, es ist an uns, den Tag zu nutzen. Und wenn wir das letztendlich tun, werden wir mit der Zeit unseren spirituell-minimalistischen Status festigen. Und mir wäre es eine Ehre, wenn du dann in meinen Podcast kommst und deine Geschichte darüber erzählst, wie es weitergegangen ist. Ich freue mich schon auf unser Gespräch und darauf, deinen Mut zu bestaunen.

Das Optionsparadox

Nachdem Steve Jobs 1986 aus dem Unternehmen, das er gegründet hatte, gefeuert worden war, beauftragte er den legendären Grafikdesigner Paul Rand mit der Gestaltung des Logos für seine neue Computerfirma NeXT.

Jobs forderte ein paar konkrete Optionen an, woraufhin

Rand bekanntermaßen antwortete: »Nein, ich löse Ihr Problem, und Sie bezahlen mich. Sie müssen die Lösung nicht verwenden. Wenn Sie Optionen wollen, können Sie sich jemand anders suchen.«

Jobs zahlte ihm das Honorar in Höhe von 100 000 Dollar, und Rand entwarf ihm das NeXT-Logo.

Im Westen setzen wir die ultimative Freiheit häufig damit gleich, viele Optionen zu haben. In Wahrheit können jedoch zu viele Optionen zu Paralyse durch Analyse führen, weil man sich dann schwertut, die eine »richtige« Wahl zu treffen.

Als spiritueller Minimalist finde ich die ultimative Freiheit nicht in der Anzahl von Optionen, die ich habe, sondern in der Verbindung zur Stimme meines Herzens, die mir jederzeit sagt, welche Option die richtige für mich ist (siehe »Meditieren leicht gemacht« im Kapitel »PRINZIP 1«).

Aktion: Wasche deine Klamotten per Hand aus

Als ich ins Nomadendasein wechselte, besorgte ich mir zunächst eine 55-Zentimeter-Reisetasche, weil man sie gerade noch mit ins Flugzeug nehmen und im Gepäckfach über den Sitzen verstauen darf. Damals fand ich das klug, begriff aber später, dass es ja gar nicht darum ging, wie viel ich in dieses Gepäckstück hineinbekam. Die bessere Frage lautet: *Wie wenig brauche ich wirklich?* Und die Antwort darauf erfährst du nur dann, wenn du bewusst übst, dich einzuschränken.

Versuchst du, dich auf einen Koffer zu beschränken,

wirst du den Koffer vollfüllen und schwören, dass du das alles brauchst. Hast du eine Reisetasche, wirst du auch die vollfüllen. Hast du nur einen Rucksack, wirst du ihn vollmachen. Hast du bloß einen Tagesrucksack, wirst du ihn füllen und überzeugt sein, dass du alles, was drin ist, zum Überleben brauchst. In Wahrheit brauchen wir viel weniger, als wir meinen. Eine der Entdeckungen, die ich etwa ein Jahr nach Beginn meines Nomadendaseins machte, war, dass ich weniger brauchte, wenn ich meine Sachen mit der Hand auswusch. Seitdem konnte ich die Größe und das Gewicht meiner Garderobe drastisch reduzieren, ohne auf Abwechslung verzichten zu müssen.

Das Auswaschen per Hand schenkte mir viel mehr Freiheit, weil ich mit weniger Kleidungsstücken mehr machen konnte. Beim Reisen mit leichtem Gepäck geht es weniger um Einschränkung als vielmehr darum, sich an jede Umgebung anpassen zu können. Denk dran: Je weniger anpassungsfähig du bist, desto weniger bist du präsent. Du kannst anderen vielleicht Präsenz vortäuschen, aber dein Körper wird es besser wissen. Wenn dein Gepäck verloren geht und du dir doch etwas Sorgen machst, dass du nicht bei dir hast, was du für deine Reise zu brauchen meinst, wirst du nicht so präsent sein, wie du es sein könntest, wenn du tief im Innern wüsstest, dass verlorenes oder zu Schaden gekommenes Gepäck deinem inneren Zustand nichts weiter anhaben kann.

Vielleicht brauchst du deine Wäsche gar nicht häufig zu waschen, aber wenn du es tust, wird es genau den Unterschied ausmachen, der es dir ermöglicht, entspannt und präsent zu sein. Und das macht dich viel attraktiver, als wenn du ängstlich und besorgt wärst. Am besten übst du

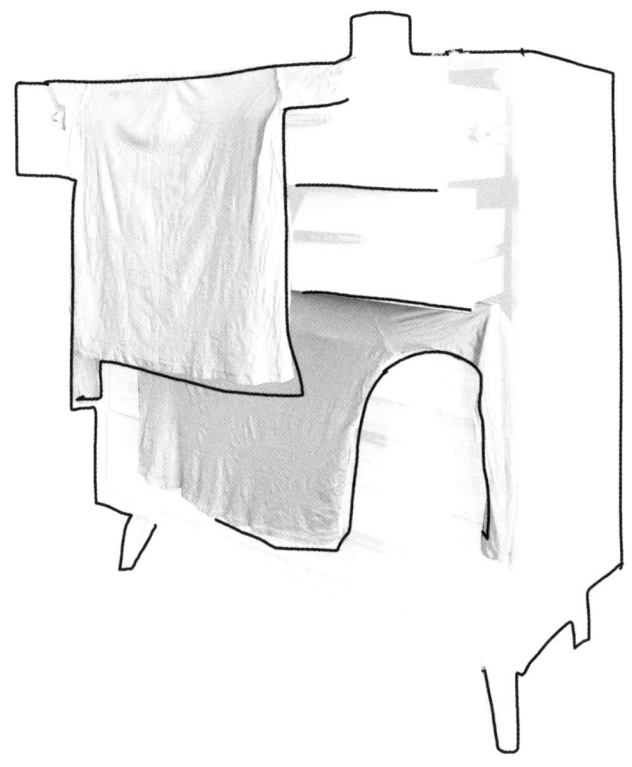

dich im Wäschewaschen, wenn du es nicht brauchst – das heißt, jetzt gleich, zu Hause.

Folgendes benötigst du, wenn du deine Wäsche unterwegs per Hand waschen willst:

Shampoo

Warum nicht ein Stück Seife oder ein Duschgel? Weil beides mit Wäsche nicht so gut schäumt. Wenn du aber nichts anderes hast, kannst du auch das verwenden.

Eine Wasserquelle

Du kannst das Waschbecken oder die Badewanne nutzen oder, wenn du knapp mit der Zeit bist, deine Klamotten sogar unter der Dusche waschen.

Ein Handtuch

Zum Auswringen kleinerer Wäschestücke nach dem Auswaschen brauchst du ein trockenes kleines Handtuch, für größere Sachen wie Jeans, Chinohosen und Sweatshirts ein größeres.

Der Vorgang:

1. Mach die Wäsche im Wasser nass.
2. Stell das Wasser ab und gib einen Klecks Shampoo auf die Wäsche.
3. Rubble den Stoff ein paar Minuten oder so lange, bis die Seife überall auf der Wäsche schäumt.

4. Haben die Sachen starke Flecken, rubble und beweg sie doppelt so lange im Seifenwasser.
5. Lass das Wasser ab und spül die Wäsche so lange aus, bis keine Seife mehr herauskommt.
6. Wring die Wäsche aus, so gut du kannst.
7. Leg das ausgewrungene Wäschestück auf ein Handtuch, wickle es ein und wring es noch mal aus, indem du das Handtuch acht- bis zehnmal verdrehst. Diesen Schritt solltest du NICHT AUSLASSEN, denn sonst brauchen deine Kleidungsstücke viel länger zum Trocknen.
8. Roll das Handtuch wieder auf und häng dein Kleidungsstück auf einen Kleiderbügel, über die Rückenlehne eines Stuhls oder an einen Haken im Zimmer.
9. Falls die Luft nicht zu feucht ist, wird es innerhalb von fünf Stunden trocken sein, sodass du es wieder anziehen kannst.
10. Ich wasche meine Wäsche gern abends vor dem Schlafengehen aus, dann ist sie in der Regel morgens trocken.

Übe am besten, bevor du irgendwo unterwegs bist. Probier es gleich heute aus. Fang mit einem einzelnen kleinen Kleidungsstück wie etwa einem T-Shirt oder Unterwäsche an. Mit ein bisschen Übung kriegst du es bestimmt schnell hin. Hast du es erst mal raus, sollte es im Ganzen nicht mehr als fünf bis zehn Minuten in Anspruch nehmen.

Willst du die Sache noch ein bisschen weiter vorantreiben, dann trag jetzt eine Woche lang nur Sachen, die du per Hand auswäschst. Das schenkt dir Freiheit von der

Wahlfreiheit und zwingt dich außerdem zum Üben. Abhängig von deiner Lebensweise brauchst du Hosen und Pullis nicht so oft zu waschen, aber du solltest für alle Fälle zum Üben trotzdem auch mal was Größeres auswaschen. Und natürlich kannst du jederzeit bei YouTube nachsehen, wie man empfindlichere Sachen per Hand wäscht.

Kaum beachtet

In meinem letzten Jahr an der Highschool beschäftigte ich mich tagtäglich so viel damit, was ich anziehen sollte, dass ich mich schließlich fragte, ob überhaupt jemand bemerkte, was ich anhatte.

Also beschloss ich, probeweise eine Woche lang immer dasselbe lila T-Shirt und dieselbe Chinohose anzuziehen. Ich wollte wissen, ob jemand das sehen oder eine Bemerkung dazu machen würde. Die Woche verging, und keiner hatte auch nur einen Ton gesagt.

Ich schloss daraus, dass die meisten Leute gar nicht beachten, was wir tun oder lassen – vor allem, weil sie so mit *sich* beschäftigt sind, mit dem, was *sie* tun oder lassen.

Das hat sich befreiend auf mein ganzes Leben ausgewirkt, vor allem wenn es darum geht, wichtige persönliche und berufliche Risiken einzugehen. Und ich bin sicher, das gilt auch für dich.

Wenn wir spirituellen Minimalismus praktizieren und zögern, eine Gelegenheit beim Schopf zu ergreifen, weil wir Angst davor haben, was andere denken könnten, sollten wir dies nie vergessen: *Sie beachten uns kaum.* Also trau dich!

Was ich immer bei mir habe: meine Minigarderobe

Freiheit von der Wahlfreiheit kann ich für mich als spiritueller Minimalist am besten verkörpern, indem ich mir eine Basisgarderobe zusammenstelle, die mir als tägliches Outfit dient. Damit spare ich mir die Zeit und Mühe, jeden Tag zu überlegen, was ich anziehen soll. Nimm die Herausforderung an, aber experimentiere, bevor du die Hälfte deiner Klamotten im Schrank ausrangierst, mit dem, was du tatsächlich regelmäßig trägst. Stell dir vor, du musst übers Wochenende verreisen und kannst nur zwei Outfits mitnehmen: Für welche Teile entscheidest du dich? Sobald du deine Optionen auf eine Handvoll Looks eingegrenzt hast, schau, ob du dich die ganze nächste Woche darauf beschränken kannst.

Hier die Kleidungsstücke, die sich derzeit in meiner Minigarderobe befinden:

Eine dunkle Chino

Sie sollte perfekt sitzen und dunkel sein, denn wenn du dich zufällig auf etwas Schmutziges setzt oder beim Essen oder Trinken bekleckerst, willst du nicht schlampig aussehen. Im Idealfall wird es außerdem die einzige Hose in deiner Minigarderobe sein. Überlege dir also gut, was für eine es sein soll.

Ein Baumwoll-Button-down-Hemd oder ein anderes schickes Oberteil aus leichtem Material

Es dient als formelle Kleidung für spezielle Anlässe und sollte am besten nicht bunt, sondern weiß oder schwarz sein und gut sitzen. Ich mag Weiß, weil es im schlimmsten Fall bei Flecken mit guter Handwäsche und ein bisschen Bleichmittel leichter zu reinigen geht. Falls du kein Bügeleisen hast, kannst du es nach dem Waschen einfach flach hinlegen.

Ein farblich neutraler Hoodie mit Reißverschluss

Dein Hoodie wird dir gute Dienste leisten, wenn es etwas kühler ist als erwartet, und dient dir als Schutz gegen Nieselregen. Wenn du einen Blazer trägst, kannst du den Hoodie bei Bedarf als zusätzliche Wärmeschicht drunterziehen. Oder du trägst ihn draußen bei kühlem Wetter zu deinem Work-out.

Ein weißes kurzärmeliges und ein langärmeliges T-Shirt

Ich empfehle für die T-Shirts auf alle Fälle die Farbe Weiß oder dunkle Töne, weil sie, vor allem wenn du dich versehentlich mit fettigem Essen bekleckerst, leichter zu reinigen sind.

Ein Pullover oder ein leichter Cardigan, dunkel und aus Kaschmir

Wenn es kühl ist, kannst du den Pulli elegant über dem Button-down-Hemd oder T-Shirt tragen oder ihn dir um die Taille binden für den Fall, dass es abends kühler wird als sonst.

Stretch-Shorts oder Strumpfhose für den Sport

Du kannst sie für dein tägliches Training verwenden. Ein Tipp für die Männer: Wenn deine Shorts gut passen, kannst du sie, falls ein Gewässer zum Schwimmen in der Nähe ist, auch als Badehose verwenden.

Ein Blazer oder Sakko, leicht

Bist du geschäftlich unterwegs, ist dies ein stilvolles Kleidungsstück, das du je nach Anlass über deinem Hemd, deinem Pullover oder Hoodie tragen kannst.

Meditationsschal

Um ihn geht es an anderer Stelle ausführlich (vgl. den Abschnitt »Was ich immer bei mir habe: meinen Meditationsschal« im Kapitel »PRINZIP 1«). Du kannst ihn dir um den Hals schlingen, damit er dich warm hält, wenn es kalt ist.

Ein Paar weiße Schuhe

Auch sie empfehle ich bereits an anderer Stelle (vgl. »Was ich immer bei mir habe: ein Paar weiße Schuhe« im Kapitel »PRINZIP 5«). Im Wesentlichen solltest du Schuhe für deine Minigarderobe wählen, mit denen du dich schick oder leger stylen und die du leicht sauber halten kannst.

Natürlich brauchst du nicht dieselben Sachen zu nehmen wie ich. Frauen entscheiden sich vielleicht für ein Kleid, einen Rock und eine Jeans. Das Wichtigste ist, dass du Sachen aussuchst, die gut zusammenpassen, und nur das behältst, was du wirklich magst und häufig trägst – und keine Sachen, die dir vielleicht nur bei passendem Licht und aus dem richtigen Winkel betrachtet gefallen. Trag lieber Kleidungsstücke, die dir richtig gut stehen und für die du Komplimente einheimst. Das ist der spirituell-minimalistische Standard.

Wenn du etwas nicht absolut toll findest, kauf es nicht. Und wenn du etwas findest, das du zwar toll findest, aber für das du trotzdem keins deiner derzeitigen Kleidungsstücke ausrangieren würdest, dann entspricht es nicht dem Standard. Denn fändest du es richtig toll, hättest du kein Problem damit, es gegen etwas anderes einzutauschen. So kannst du dich mit deiner spirituell-minimalistischen Garderobe in der Freiheit von der Wahlfreiheit üben.

> »Selbsthilfebücher zu lesen ist noch lange
> keine ›innere Arbeit‹.
> Die leistest du erst dann, wenn du das,
> was du liest und lernst,
> auch in die Praxis umsetzt.«
> **Der spirituelle Minimalist**

Integrationszeit

Nachdem wir alle sieben Prinzipien abgedeckt haben, nimmst du dir jetzt im Idealfall erst einmal diejenigen vor, die dich am meisten ansprechen, um sie zu verinnerlichen und die dazugehörigen Aktionen mit Spaß und Freude in deinen Alltag zu integrieren.

Das einzige Prinzip, das ich dir dringend als unverhandelbar empfehlen würde, ist die tägliche Meditationspraxis. Meditation ist die entscheidende Gewohnheit, die die Umsetzung der anderen Prinzipien ungemein erleichtern kann. Sie wird es dir ermöglichen, weniger zu tun und zugleich in allen Lebensbereichen mehr zu erreichen. Wenn du dich zum Beispiel der Freiheit von der Wahlfreiheit widmen möchtest, aber dich noch nicht intensiv mit dem inneren Glück befasst hast, wird es dir viel schwerer fallen, das Keine-Wahl-Haben als Freiheit und nicht als Einschränkung zu sehen. Wenn du allem voran regelmäßig meditierst, wirst du die anderen Prinzipien leichter integrieren können.

Außerdem würde ich dir empfehlen, dir die im Buch vorgestellten Prinzipien und Geschichten immer wieder durchzulesen. Nimm das Buch einfach nach Lust und Laune zur Hand, blättere darin und schau, was dir ins Auge fällt. Sind die Prinzipien erst einmal verinnerlicht, wirst du merken, dass die jeweiligen Geschichten und Übungen mit der Zeit eine neue Bedeutung bekommen.

Hast du das Buch eher stellenweise gelesen, überleg dir, ob du es nicht doch noch einmal von vorn bis hinten durchlesen willst. Du wirst mit Sicherheit Passagen entdecken, die du bisher übersehen hattest, und Abschnitte, die dich beim ersten Mal nicht angesprochen haben. Andersherum könntest du, wenn du das Buch einmal ganz gelesen hast, einfach mal hier und da blättern und schauen, was du entdeckst.

Übe dich in der Zwischenzeit darin, die Stimme deines Herzens klarer zu hören. Allerdings ist das Hören nur der erste Schritt. Schau, was passiert, wenn du bewusst nach ihr handelst – insbesondere in den scheinbar unwichtigen Momenten, wenn du zum Beispiel gerade im Stau oder irgendwo an der Kasse Schlange stehst.

Wann immer du das Gefühl hast, dass dir etwas fehlt, übe dich darin, es anderen zu geben. Und geh so oft du kannst deiner Neugier nach, selbst wenn es dir unangenehm ist. Es ist eine Chance zu lernen, das Unangenehme anzunehmen. Und triff, wenn du an einem Scheidepunkt stehst, eine deinen Wertvorstellungen entsprechende Entscheidung. So handelst du spirituell-minimalistisch – du reist mit leichtem Gepäck.

Hier eine Zusammenfassung der im Buch empfohlenen täglichen spirituell-minimalistischen Übungen

- Meditiere jeden Morgen fünfzehn bis zwanzig Minuten.
- Übe so oft du kannst, der Stimme deines Herzens Folge zu leisten.
- Spiele in den scheinbar unwichtigen Momenten das Dankbarkeitsspiel.
- Hinterlasse Orte besser, als du sie vorgefunden hattest.
- Mach es dir zur Gewohnheit, spazieren zu gehen und zu flanieren.
- Setz dich jeden Morgen in die ruhende Hocke.
- Und übe, deine Wäsche per Hand auszuwaschen.

Aus eigener Erfahrung (und auch aus meinem langjährigen Meditationsunterricht) weiß ich, dass die Beherrschung einer neuen Praxis oder Gewohnheit bei Weitem kein linearer Vorgang ist. Hier, was ich gelernt habe und du vermutlich auch erfahren wirst:

Du lernst etwas Neues, wendest es in einer kontrollierten Umgebung an, scheiterst, stellst Fragen, wendest es erneut mit neuem Verständnis an, verfeinerst deine Herangehensweise, begreifst, dass du in Wahrheit gar nicht scheiterst, auch wenn es sich so anfühlt, definierst Erfolg neu, baust veraltete Überzeugungen ab, machst deine Hausaufgaben, lernst neu, wie man lernt, legst deine alten Gewohnheiten ab, »scheiterst« wieder, stellst bessere Fragen, gehst noch mal einen Schritt zurück und machst es wieder falsch, nur um zu sehen, wie weit du schon bist, »scheiterst« nochmals, machst deine Hausaufgaben noch intensiver, hast auch mal Glück, »scheiterst« und stellst das Ganze dann komplett infrage.

Nachdem du dich eine Weile davon abgewendet hast, erlebst du eine unerwartete Krise, schlägst demütig deinen Weg wieder ein und erlebst ihn so, als wäre es das erste Mal. Du bist neu inspiriert, hältst dich selbstbewusster dran, stellst nuanciertere Fragen, nimmst deine neuen Gewohnheiten als nicht verhandelbar an, bist nicht mehr ergebnis- sondern prozessorientiert, definierst Erfolg wieder neu, machst winzige Schritte vorwärts, einfach nur, um in Bewegung zu bleiben, setzt dir kleinere Ziele, blickst auf deinen bisherigen Weg zurück, um Fehler zu korrigieren und künftige »Misserfolge« von vornherein zu vermeiden, dich leichter an Veränderungen anzupassen, das Ergebnis komplett loszulassen und dich einer Sache zu verpflichten, die größer ist als du.

Ich könnte noch weitermachen, aber du hast sicher verstanden, worum es geht: Da die Beherrschung von etwas Neuem vielschichtig, facettenreich und ein dynamischer Prozess ist, fällt es manchmal schwer zu wissen, wo man gerade steht. Aber genau das ist ja die Bedeutung von »im Prozess« sein. Und je weniger du in linearer Hinsicht über die Beherrschung von etwas Neuem nachdenkst, desto schneller wirst du vorankommen. Freu dich an deinen spirituell-minimalistischen Experimenten – du kannst gar nichts verkehrt machen. Jede Erfahrung ist nützlich auf dem Weg in die Meisterschaft.

Du brauchst es auch nie als »spirituellen Minimalismus« zu bezeichnen. Es ist einfach eine andere Lebensweise, und wenn du das Gefühl hast, dass du daraus einiges schöpfen kannst, dann tu es. Falls du, nachdem du es ausprobiert hast, merken solltest, dass es doch nicht mit deinen Werten übereinstimmt, dann nimm es einfach als Anhaltspunkt für das, was möglich ist. Vielleicht willst du später darauf zurückgreifen. Egal wie, du kannst mit den Prinzipien machen, was du willst. Erforsche einfach weiterhin alles, was das Leben zu bieten hat, und erlaube dir, dich mehr von deiner Neugier als von deiner Angst leiten zu lassen.

Bleib dran

Zum Abschluss möchte ich dir noch eine letzte Geschichte über etwas erzählen, das ich erlebt hatte, bevor ich mich auf meine Reise mit leichtem Gepäck begab.

Ich war eines Abends spät, nachdem ich Salsa tanzen gewesen war, auf einer Promenade in Santa Monica, Kalifornien, unterwegs, als ich auf dem Weg zu meinem Auto in der Ferne jemanden »La Bamba« singen hörte. Ich war neugierig und ging der Stimme nach. Ich wollte wissen, wer da um Mitternacht noch draußen auf einer menschenleeren Promenade »La Bamba« sang.

Als ich näher kam, sah ich einen etwa dreizehn-, vierzehnjährigen Jungen, der mit unglaublicher Begeisterung zu dem beliebten Song von Ritchie Valens sang, tanzte und herumwirbelte.

Sein Mikro und die Lautsprecher waren so verschlissen, dass sie immer wieder ausfielen. Aber er stampfte und wirbelte unverdrossen weiter herum, als stünde er im Madison Square Garden vor Zehntausenden Menschen auf der Bühne. Er coverte noch weitere Songs, und ich war absolut fasziniert.

Kurz darauf blieb ein weiterer Typ stehen, um zuzuschauen. Dann eine Frau. Da waren wir schon drei von den vielleicht insgesamt fünf Menschen, die sich zu dieser Nachtstunde auf der Promenade befanden und sich während seiner Performance immer wieder staunend anblickten. Ich erinnere mich noch, dass ich mir gewünscht hätte, mehr Leute würden das erleben.

Ich notierte mir die Daten des Performers und war, als ich zu Hause gleich im Internet nachschaute, nicht weiter überrascht, ihn dort überall zu finden. Er hatte schon mit sieben Jahren angefangen zu performen. Er war in der Talkshow *The Ellen Show* aufgetreten und hatte sogar vor Präsident Obama performt. Was für ein Glück ich hatte, ihn mitten in der Nacht in Santa Monica sozusagen in einer privaten Show erleben zu dürfen, während seine Mutter ein paar Häuser weiter geduldig in einem Auto auf ihn wartete. Seine Hingabe an seine Kunst war mit Händen zu greifen.

Als ich einige Jahre darauf in Boulder, Colorado, eine Promenade entlangschlenderte, sah ich ihn wieder, und noch immer sang, performte und tanzte er mit derselben Energie und Inbrunst – mit der Erfahrung von vermutlich Tausenden Stunden Übung. Das war ganz offensichtlich seine Gabe, man spürte es zutiefst, wenn man ihm zusah. Er war jemand, der seine Bestimmung wirklich lebte.

Eines Abends postete er ein Update in seinem Social-Media-Feed, das mich, seit ich es gelesen habe, nicht mehr losgelassen hat. Es war nur eine Zeile: »Übe weiter, auch dann, wenn es dir aussichtslos vorkommt.«

Genau diesen Gedanken möchte ich gern an dich weitergeben. Selbst wenn du erfolgreich auf die Stimme deines Herzens gehört hast und ihr Folge geleistet hast, wirst du Momente erleben, in denen du unsicher bist. Selbst wenn du deiner Neugier nachgehst, wirst du dich ab und zu verloren und ziellos fühlen. Selbst wenn du anderen gibst, was du gern selbst hättest, und Entscheidungen triffst, die auf deinen Wertvorstellungen beruhen, kannst du noch das Gefühl haben, nicht dort zu sein, wo du sein solltest. All das gehört zum Prozess dazu. Und wenn die Vorstellung, immer wieder und trotz aller Fehler weiterzumachen, auch lästig sein mag, lassen sich die sieben Prinzipien des spirituellen Minimalismus doch auf diese Weise am schnellsten verkörpern. Egal, was passiert, mach immer wieder weiter, auch dann, wenn es dir aussichtslos vorkommt.

Wenn ich ehrlich sein soll, würde es *Travel Light* ohne meinen Freund Will (möge er in Frieden ruhen) nicht geben. Denn Will war ein Jahr vor mir zum Nomaden geworden und inspirierte mich zu meinem 2018 gestarteten Abenteuer als Nomade. Wie du vielleicht mitbekommen hast, hat Will auch eine Schlüsselrolle in folgenden Geschichten gespielt:

Zufallsbegegnungen (siehe Kapitel »PRINZIP 3«)
Was gut daran ist (siehe Kapitel »PRINZIP 3«)
Flirten (siehe Kapitel »PRINZIP 4«)
Der steifste Yogi aller Zeiten (siehe Kapitel »PRINZIP 6«)

Meine Freundin Koya hat den Titel *Travel Light* gefunden, nachdem ich erwähnt hatte, dass es in meinem nächsten Buch um meine Erfahrungen mit dem Nomadentum und Minimalismus gehen solle. Kaum hatte sie das gehört, platzte sie schon damit heraus: »Nenn es doch *Travel Light!*«, und meine innere Stimme stimmte sofort zu.

Dann erzählte ich meiner Lektorin Diana (die auch schon mein letztes Buch *Knowing Where to Look* betreut hatte) von meiner Idee. Ironischerweise hatte sie die Redaktion dieses letzten Buches schon dazu inspiriert, selbst zur Nomadin zu werden, sodass sie mein aktuelles Projekt unterstützte. Und ich bin Diana weiterhin sehr dankbar dafür, dass sie mir geholfen hat, meine skurrilen Buchideen Wirklichkeit werden zu lassen.

Meine wunderbare Agentin Coleen hat mir zu einem Verlagsvertrag für *Travel Light* verholfen und mich durch eine Reihe von Deadlines begleitet. Ohne ihre sanfte Führung und ihr Vertrauen in meine Fähigkeit, meine Worte auf Papier zu bringen, wäre die Idee für *Travel Light* noch immer genau das: eine Idee.

In der Zwischenzeit war ich im Januar 2021 dank der Pandemie in einem Airbnb in Mexico City untergekommen, wo ich den größten Teil des Buches geschrieben habe. Zwischen meinen täglichen 10 000 Schritten, meinen Work-outs mit Fitnessband und den Besuchen in verschiedenen Cafés traf ich mich so oft ich konnte per Zoom mit Simona von Woikowsky.

Simona zeichnet für die ganzen wunderschönen Illustrationen im Buch sowie für die Cover-Illustration verantwortlich. Wir begegneten uns zufällig, nachdem ich in den sozialen Netzwerken verbreitet hatte, dass ich nach einem Illustrator oder einer Illustratorin suchte, die die Farbe Blau ebenso liebt wie ich.

Simona hörte auf ihr Herz und bot mir schüchtern ihre Dienste an. Kaum hatte ich einen ersten Blick auf ihr Werk geworfen, sagte mir die Stimme meines Herzens, dass sie die perfekte Illustratorin für mein Projekt war. Und die Kunst, die sie für *Travel Light* geschaffen hat, macht mich mehr als glücklich. Es sind wahre Meisterwerke.

Ich möchte auch Tami, Rachael und dem Rest des Teams bei Sounds True danken – dafür, dass ihr mir freie Hand gelassen habt, vom Konzept über den Titel bis hin zum Cover und der Veröffentlichung das Buch meiner Träume zu gestalten. Ihr seid einfach das beste Verlagsteam, mit dem ich je zusammengearbeitet habe, und mich inspiriert es immer wieder, wie viel Herz und Seele ihr in die von euch produzierten Bücher einbringt.

Außerdem möchte ich mich bei meinem persönlichen Yoda, Maharishi Vyasananda Saraswati, bedanken, der mir 2003 vedische Meditation beibrachte – eine Erfahrung, die mein Verhältnis zur Meditation veränderte und mir nicht nur half, zu einem begeisterten täglich Meditierenden zu werden, sondern mich auch dazu inspirierte, 2007 eine Ausbildung zum Meditationslehrer zu machen.

Mein besonderer Dank gilt Bryndan, Christ, Ava, Sol und den Jungs im King's Council: Danke für eure unermüdliche Unterstützung, während ich an diesem Buch saß. Und schließlich möchte ich mich bei meinem unmittelbaren und auch dem erweiterten Familienkreis für die Liebe und Unterstützung bedanken. Ich schätze mich glücklich, zu einer so starken Sippe zu gehören, und es ist mir eine Ehre, die Familie Watkins in allem, was ich tue, vertreten zu dürfen.

Über den Autor

LIGHT WATKINS ist seit mehr als zwanzig Jahren Meditations- und spiritueller Lehrer. Er ist der Autor von *The Inner Gym*, *Bliss More* und *Knowing Where to Look*. Light moderiert einen wöchentlichen Podcast zum Thema Bestimmung, der sich *The Light Show* nennt, und ist Anbieter einer Online-Community namens *The Happiness Insiders*, in der es um »innere Arbeit« geht. Er hält weltweit Talks und leitet Workshops über achtsame Mitarbeiterführung, Glück und Meditation. Er ist in *Times, Vogue, Forbes, People* und der *New York Times* porträtiert worden. Für weitere Informationen siehe lightwatkins.com.

JOSEPH NGUYEN

Hör auf zu glauben, was du denkst

Der einfache Weg für Ruhe im Kopf

Der Ratgeber für ein erfülltes und glückliches Leben: der US-Bestseller, der nicht nur auf TikTok so viele Leben verändert hat!

Mit Joseph Nguyens US-Bestseller lernen Sie, Selbstzweifel und Ängste zu überwinden und selbstzerstörerische Gewohnheiten loszulassen – ohne sich auf Ihre Motivation oder Willenskraft verlassen zu müssen.
 Mit seinem Ratgeber hilft Ihnen der Bewusstseinscoach für Persönlichkeitsentwicklung – bekannt von TikTok –, die Ursachen allen psychologischen und emotionalen Leids zu entdecken. Lernen Sie, sich von den immer gleichen Gedankenspiralen zu befreien und eine Freiheit des Geistes zu erlangen, um mühelos das Leben zu führen, das Sie schon immer leben wollten.

O.W. BARTH ✸

RICK RUBIN

kreativ.
Die Kunst zu sein

Das Kreativ-Geheimnis des Star-Produzenten hinter
Johnny Cash, Adele, Run-DMC, Jay-Z und U2

Der *NY-Times*-Bestseller

Kreativ. Die Kunst zu sein ist eine weise und überaus klare Quintessenz seines Lebenswerks. Es beleuchtet den Weg des Künstlers in einer Weise, dass wir ihm alle folgen können. Es führt uns zu den magischen Momenten von Hochstimmung und Transzendenz, in denen alles möglich ist.

Im Laufe der Jahre, in denen Rick Rubin intensiv darüber nachgedacht hat, woher Kreativität kommt und woher nicht, hat er gelernt, dass es bei Künstler*innen nicht um ihre spezifische Leistung geht, sondern um ihre Beziehung zur Welt. Kreativität hat einen Platz im Leben eines jeden, und jede*r kann diesen Platz erweitern.